FALTPLAN

»Schreiben Sie uns!

Wir hoffen, dass Ihnen dieser Reiseführer gefällt und er Ihnen ein guter Begleiter auf einer außergewöhnlichen und spannenden Reise ist.

Weil ein Reiseführer von Erfahrungen lebt, sind wir an Ihren Erlebnissen interessiert: Haben Sie im Buch ein Restaurant entdeckt, das es nicht mehr gibt, eine Sehenswürdigkeit, die wir noch nicht aufgeführt haben, oder eine falsche Adresse? Dann schreiben Sie uns!

Wir nehmen jeden Hinweis und jede Kritik ernst und arbeiten kontinuierlich daran, die Bücher aktuell zu halten und immer weiter zu verbessern. Auch wenn wir nicht jeden Wunsch erfüllen können, machen wir uns immer Gedanken über Ihre Anmerkungen.

Schreiben Sie an: info@reise-know-how.de oder Reise Know-How Verlag Peter Rump GmbH, Postfach 140666, 33626 Bielefeld

Wenn sich Ihre Infos direkt auf das Buch beziehen, bitten wir um die Angabe der Seitenzahl und der Auflagennummer bzw. des Erscheinungsjahres. Besonders hilfreiche Beiträge belohnen wir mit einem Sprachführer Ihrer Wahl aus unserer „Kauderwelsch“-Reihe.

Herzlichen Dank und gute Reisen
Ihr Reise Know-How Verlag

Diesem Buch wurde hier ein herausnehmbarer Faltp
Sollte er beim Erwerb des Buches nicht mehr vorhanden se
dler nach.

Liebe Leserin, lieber Leser,

ein unabhängiger Verlag für unabhängig Reisende – das sind wir, der Reise Know-How Verlag aus Bielefeld, eines der letzten Familienunternehmen in der Branche. Obwohl wir zu den größten Reiseführerverlagen Deutschlands gehören, ist der familiäre Umgang miteinander in allen Bereichen des Verlagslebens zu spüren: In der Geschäftsführung in zweiter Generation, in einer wertschätzenden Arbeitsatmosphäre, in der Nähe zu unseren frei arbeitenden Autorinnen und Autoren, im engen Austausch mit unseren Leserinnen und Lesern – und auch in der Zusammenarbeit mit Druckereien in Deutschland, in denen wir ausschließlich und regional unsere Bücher produzieren. Die sollen schließlich erst mit Ihnen auf große Reise gehen.

Alles, was wir in unsere Bücher und Landkarten stecken, soll Ihnen eines ermöglichen: Auf Ihre ganz eigene, individuelle Weise die Welt zu entdecken. Wir wünschen Ihnen viel Freude und unvergessliche Erlebnisse mit diesem Reiseführer.

Es grüßen herzlich
Peter Rump & Wayan Rump

Die grüne Metropole am Kattegat

Im Gegensatz zur Hauptstadt Stockholm, die an der Ostsee gelegen ist, öffnet sich die zweitgrößte Metropole des Königreichs Schweden über Kattegat und Nordsee in Richtung Westen. Gerade diese westliche Ausrichtung bestimmte und charakterisierte die Entwicklung Göteborgs über Jahrhunderte. Seit den Gründertagen im 17. Jahrhundert waren die Seefahrt und der Seehandel die treibenden Faktoren der Stadtentwicklung und internationale wirtschaftliche Kontakte, die nach Deutschland, Dänemark, England und sogar bis Fernost reichten, prägten und prägen die Mentalität der Bewohner.

Genau diese kosmopolitische Ausrichtung Göteborgs – der Austausch von Waren und die Einflüsse von Menschen, die über das Meer in die Stadt kamen – hat bleibende Spuren hinterlassen. Göteborg ist die „westlichste" Großstadt Schwedens, nicht nur im geografischen Sinne.

In der Innenstadt brodelt bis heute das geschäftige Treiben – hippe Geschäfte, szenige Gastronomie und moderne Bürogebäude dominieren das Bild. Gleichzeitig weisen die innerstädtischen Kanäle, die vielen Grünanlagen und nicht zuletzt die scheinbar anachronistisch daherrumpelnden Straßenbahnen auf vergangene Epochen hin. Und immer wieder schimmert das allgegenwärtige Blau des Göta älvs und – bewegt man sich etwas gen Westen – des Meeres durch.

Die Göteborger können sich glücklich schätzen, in einer so bezaubernden Einheit von Urbanität, Natur und Meer leben zu dürfen. Als Besucher gibt es also viele unterschiedliche Facetten zu entdecken – auf geht's!

Der Autor

Lars Dörenmeier erkundete bereits in seiner Jugend mehrfach Skandinavien. Ein längerer Studienaufenthalt in der schwedischen Stadt Uppsala festigte dann das Interesse und die Passion für den Norden im Allgemeinen und Schweden im Besonderen. Nach Uniabschluss und mehreren Auslandsstationen machte er schließlich sein Hobby zum Beruf. Als freier Journalist, Fotograf und Reiseleiter bereist er die Welt, wobei neben Skandinavien auch der asiatische Raum einen Schwerpunkt darstellt. Für den Reise Know-How Verlag verfasste er neben diesem Reiseführer auch die CityTrip-Bände Kopenhagen, Helsinki, Stockholm (letzteren mit Co-Autor Stefan Krull), Kyoto, Saigon/Ho-Chi-Minh-Stadt und den Inseltrip Falster und Lolland. Der gebürtige Westfale lebt heute in Berlin.

098gb Abb.: Suza Heitmann

VRÅNGÖ
ÅR
2000
N
O
S
V

CITY|TRIP

GÖTEBORG

Inhalt

Raue Schönheit im Schärengarten ㉖: die Insel Vrångö (090gb Abb.: ld)

061gb Abb.: ld

Cleveres Nummernsystem

Die Sehenswürdigkeiten sind im Text und im Kartenmaterial mit derselben **magentafarbenen ovalen Nummer** ❶ markiert. Alle anderen Lokalitäten wie Geschäfte, Restaurants usw. tragen ein **Symbol und eine fortlaufende rote Nummer** (1). Die Liste aller Orte und die Zeichenerklärung befinden sich im Anhang.

Bewertung der Sehenswürdigkeiten

★★★ nicht verpassen
★★ besonders sehenswert
★ wichtig für speziell interessierte Besucher

Planquadrat im Kartenmaterial

[A1] Orte ohne diese Angabe liegen außerhalb unserer Karten. Alle Ortsmarken werden in der buchbegleitenden Web-App angezeigt (s. S. 142).

Alle weiteren Benutzungshinweise s. S. 143.

Allgegenwärtig: die stolz gehisste schwedische Flagge

NICHT VERPASSEN!

3 Maritiman [K4]
Ob über oder unter Wasser, ob Zerstörer oder U-Boot, Feuerschiff oder Feuerlöschschiff, Frachter oder Schlepper – im schwimmenden Museum Maritiman werden Kindheitsträume wahr. 19 Wasserfahrzeuge aus diversen Epochen können direkt am Kai besichtigt, erklommen und erkundet werden (s. S. 15).

11 Vergnügungspark Liseberg [P7]
Mitten in der Stadt gelegen, zieht das Vergnügungsareal von Liseberg seit 1923 Besucher in seinen Bann. Neben dem Rummel mit Achterbahn, allerlei wilden Fahrgeschäften und Imbissbuden bietet Liseberg auch eine Parkanlage, eine Konzerthalle und ein Kulturzentrum (s. S. 22).

12 World of Volvo [Q8]
Mit einem architektonischen Leuchtturmprojekt feiert sich die Weltmarke Volvo seit 2024 selbst. Die bewegte Firmengeschichte wird anhand von historischen und modernen Exponaten in einem riesigen Gebäude aus Holz und Glas präsentiert (s. S. 22).

14 Götaplatsen [N6]
Der Götaplatsen imponiert mit seinem Architekturensemble aus Stadsteatern, Konstmuseum und Konserthuset. Die Poseidonstatue in der Mitte des Platzes ist mittlerweile zu einem Wahrzeichen der Stadt geworden (s. S. 23).

19 Haga [J6]
Ein Besuch des ehemaligen Vororts, inzwischen mitten in der Stadt gelegen, ist wie eine Zeitreise. Eben noch im 21., wähnt man sich mit einem Mal im 19. Jh., umgeben von pittoresken Holzhäusern und Kopfsteinpflaster. Hier findet sich die größte Kaffeehausdichte der Stadt (s. S. 26).

26 Göteborger Schärengarten
Innerhalb von 45 Minuten kann man dem Großstadttrubel Göteborgs entkommen und auf den Inseln des südlichen Schärengartens frische Seeluft genießen – im Sommer wie im Winter ist das einmalige Archipel eine empfehlenswerte Naturoase (s. S. 34).

GÖTEBORG ENTDECKEN

070gb Abb.: ld

Willkommen in Göteborg

Wie kaum eine andere Stadt dieser Größenordnung ist Göteborg perfekt dafür geschaffen, zu Fuß erkundet zu werden. Die Distanzen sind relativ kurz, da sich das Gros der interessanten Stadtviertel rund um den Innenstadtkern gruppiert. Grüne Bänder in Form von Parkanlagen durchschneiden das urbane Geflecht und sorgen so für angenehme Ruheräume.

Im Viertel **Inom Vallgraven** (dt. innerhalb des Wallgrabens) sind das historische Stadtzentrum und die heutige Innenstadt zu finden. **Schmale Straßen, Kopfsteinpflaster und Gründerzeitbauwerke** prägen weite Teile des Viertels. Charakteristische Bauten dieser Zeit sind beispielsweise das **Stadsmuseum** 5, das **Kronhuset** 4 und der **Gustav Adolfs Torg** 7 mit seiner imposanten Randbebauung. Sich einfach durch die Straßen und Gassen treiben lassen und die Eindrücke aufsaugen, den Stadtplan mal in der Hosentasche lassen und immer der Nase nach gehen – so erschließt sich einem ein anderes Stadtgefühl ...

Jenseits des Stora Hamnkanals stellen **Göteborger Dom** 8, die **Große Markthalle** 9 und die **Feskekörka** 10 Perlen der stadtgeschichtlichen Entwicklung dar.

Das südlich des Rosenlundkanals gelegene **Haga** 19 ist das **fußgängerfreundlichste Stadtviertel Göteborgs.** In den schmalen Gässchen verkehrt man nur per pedes oder mit dem Fahrrad. Die immense Cafédichte des Viertels und die köstlichen Backwerke lassen selbst den passioniertesten Spaziergänger schwach werden und eine kulinarische Pause einlegen. An der **Hagakirche** 18 vorbei erreicht man in östlicher Richtung die Quartiere Vasastaden und Lorensberg, die ganz im Zeichen von Universität und Studentenleben stehen. Ruhige Seitenstraßen mit kleinen Grünanlagen zeigen eine andere Seite der Großstadt und im Sommer kann man in den zahlreichen Eckkiosken schnell ein Eis erstehen und eine gemütliche Parkbank erobern.

Möchte man ein Stadtgebiet erkunden und dabei den Touristenströmen aus dem Wege gehen, empfiehlt sich ein **Abstecher nach Lindholmen und Eriksberg** 24. Beide Viertel liegen auf der nördlichen Seite des **Flusses Göta älv,** der Göteborg durchfließt und in den Kattegat mündet. Bis in die 1970er-Jahre hat sich in dieses Areal niemand nur zum Vergnügen begeben. Das industrielle Herz der Stadt schlug hier und die Schiffsbauindustrie hatte jeden Quadratmeter in Beschlag genommen. Das Werftensterben erzwang einen Neuanfang, der aus heutiger Sicht höchst gelungen scheint. Funktionale Wohnbebauung in Eriksberg, manchmal unterbrochen durch erstklassig restaurierte Industriearchitektur, machte das ehemals verpönte Viertel zu einem beliebten Wohngebiet. Als Besucher fährt man am einfachsten mit den Älvsnabben-Fähren (s. S. 126) über den Fluss nach Eriksberg und flaniert an der hölzernen Mole entlang. Interessant ist auch der Werdegang von Lindholmen: Aus Eisen und Stahl wurden in wenigen Jahren Pipette, Mikroskop und IT-Technologie und aus der Lindholmen-Werft der Lindholmen Science Park.

Vorseite: An der Klippans ångbåtsbrygga – dem Klippan-Dampfschiffanleger – liegen historische Fischkutter

Kurztrip nach Göteborg

Auch wenn man Göteborg in zwei bis drei Tagen nicht komplett und allumfassend erkunden kann, so ist diese Zeit doch ausreichend, um sich einen allgemeinen Überblick zu verschaffen und Stadt und Bewohner kennenzulernen. Dank der komprimierten Struktur mit einem klassischen Innenstadtkern ist das Gros der Sehenswürdigkeiten auch gut per pedes zu erkunden.

1. Tag

Um sich einen ersten Ein- und Überblick zu verschaffen, empfiehlt es sich, dem **Stadtspaziergang** (s. S. 13) zu folgen, der viele Facetten des Göteborger Großstadtlebens, der Geschichte, aber auch der Kunst und Kultur der Gegenwart anreißt.

Göteborg ist die größte Hafenstadt Schwedens. Was liegt da näher, als die Stadt vom Wasser aus zu erkunden. Die flachen **Paddan-Boote** (s. S. 20) durchkreuzen dabei die alten Kanäle und rechts und links gibt es viel zu sehen. Oder man nimmt die **Flussfähre Älvsnabben** (s. S. 126), erkundet die Uferbereiche des Göta älvs und kommt dabei manchmal den gigantischen Stena-Fähren ganz nah.

Und wer es museal und maritim mag, der sollte auf keinen Fall das schwimmende Museum **Maritiman** ❸ mit den vielen Schiffsexponaten aus längst vergangenen Dekaden verpassen. Freunde der großen Künste, egal ob zeitgenössisch oder klassisch, machen sich auf den Weg zum **Götaplatsen:** Im **Konstmuseum** (s. S. 47) und in der **Konsthall** (s. S. 46) kommen beide auf ihre Kosten – jedoch auf keinen Fall, ohne vorher auf der **Kungsportsavnyn** ⓯ eine Pause zur Auffüllung des Koffeintanks einzulegen.

Wollen Kinder und Erwachsene gleichermaßen unterhalten werden, lohnt sich ein Besuch des **Vergnügungsparks Liseberg** ⓫ oder des musealen Abenteuerspielplatzes **Universeum** ⓭. Bei beiden Attraktionen kann man auch erstklassig den großen Hunger stillen.

Die Abendgestaltung in der „halben" Millionenmetropole kann vielseitig angegangen werden: eher alternativ im Viertel Haga oder – man befindet sich ja gerade am Wasser – in den Speisetempeln River (s. S. 56) oder dem Sjömagasinet (s. S. 59), die beide tolle Blicke auf den Götafluss garantieren.

091gb Abb.: ld

☐ *Eine Paddan-Rundfahrt ist genau das Richtige zur Einstimmung auf den Göteborg-Kurztrip*

009gb Abb.: ld

2. Tag: Das maritime Göteborg

Vormittags

Mit den Straßenbahnlinien 3, 9 oder 11 geht es Richtung Südwesten bis zur Haltestelle Stigbergstorget. Dort thront auf einem Hügel die **Masthugget-Kirche** 21, die durch ihr schlichtes Interieur und die tolle Lage beeindruckt. Unterhalb des Hügels wartet das **Seefahrtsmuseum** (s. S. 48) auf Besucher und führt sie mit einer Vielzahl von Exponaten in die maritime Geschichte Göteborgs ein. Spektakulär ist auch der riesige Turm mit der trauernden Seemannsfrau vor dem Museum. Mit den Linien 3 oder 9 erreicht man die Haltestelle Vagnhallen Majorna. Zu Fuß geht es von hier zum Stadtviertel **Klippan** 22, einem ehemaligen In-

Der historische Bootshafen im Viertel Klippan 22

MEIN TIPP

Go Gothenburg Pass

Ein attraktives Angebot für neugierige und aktive Besucher der Stadt stellt der Go Gothenburg Pass dar, der für je 1, 2, 3 oder 5 Tage gültig ist. Mit dem Pass kann man die bedeutendsten Museen der Stadt besuchen und Bootsausflüge mit den Paddan-Booten (s. S. 20) oder in den Schärengarten 26 machen. Eine Stadtrundfahrt mit den Hop-on-Hop-off-Bussen (s. S. 115) ist genauso eingeschlossen wie der Besuch des Universeums 13 oder des spannenden Schiffsmuseums Maritiman 3.

Nimmt man alle im Go Gothenburg Pass enthaltenen Leistungen in Anspruch, kann man viele Hundert Kronen sparen, wie einem das Fremdenverkehrsamt gerne vorrechnet. Genaue Infos über alle Vergünstigungen erhält man im Turistbyrå am Kungsportsplatsen (s. S. 100) oder online unter https://gocity.com/sv/gothenburg.

Der Pass ist nur digital über die **Smartphone-App Go City** erhältlich (s. S. 103).

Der Go Gothenburg Pass kostet für Erwachsene 469/604/684/799 Skr (24/48/72/120 Stunden) und für Kinder (5–16 Jahre) 389/464/519/579 Skr. Interessant ist auch die Möglichkeit, **den 24-Stunden-Pass auf zwei Tage zu verteilen.** Beginnt man sein Besichtigungsprogramm um 14 Uhr am ersten Tag, so kann man den Pass bis 13.59 Uhr am drauffolgenden Tag nutzen. Die Uhr beginnt also ab dem Zeitpunkt der Benutzung des Passes 24, 48, 72 bzw. 120 Stunden rückwärts zu laufen.

dustrieviertel am Ufer des Göta älvs. Heute besticht das Areal durch einen historischen Bootshafen, kulinarische Angebote wie das Fischrestaurant „Sjömagasinet“ (s. S. 59) oder das Kulturzentrum „Röda Sten“ (s. S. 49).

Nachmittags

An der Haltstelle Kungsten, dem Endpunkt der Linie 9, kann man in die Straßenbahnen der Linie 11 wechseln und bis nach Saltholmen fahren. Der Hafen von Saltholmen stellt das Sprungbrett in den Schärengarten dar. Diverse Fähren durchkreuzen die vielfältige Welt des **südlichen Schärengartens** 26. Man kann sich hier im wahrsten Sinne des Wortes gut treiben und die Seele baumeln lassen. Auf den Inseln, egal welche man für seine Exkursion erwählt, gibt es kleine Restaurants oder Imbisslokale, die das leibliche Wohl sicherstellen. Schöne Spaziergänge oder ein Bad in der Nordsee runden das Inselerlebnis ab. Das sollte man wirklich nicht verpassen!

Abends

Eine Überdosis an frischer Seeluft macht bekanntlich hungrig. In der Linnégatan [J7/8] locken diverse Restaurants mit köstlichen Speisen: Handfestere Nahrung gibt es in Karlson's Garage & Bar (s. S. 55), luftiger geht es in und auf der Linnéterrasse(n) (s. S. 55) zu.

008gb Abb.: ld

Ruhe genießen und Natur tanken – einmalig im Schärengarten 26

010gb Abb.: ld

Die nächtliche Stimmung an den Kanälen Göteborgs sollte man nicht verpassen

Das gibt es nur in Göteborg

- In der Stora Nygatan [M4], direkt am Vallgraven, haben sich die **Stadtplaner einen kuriosen Fehler erlaubt,** den man eher in Schilda – der fiktiven Heimat der Schildbürger – denn in Göteborg vermuten würde. Die Bebauung begann man Mitte des 19. Jahrhunderts von beiden Enden der Straße aus und so näherten sich die Häuser langsam in der Mitte der Straße an. Doch plötzlich stellte man überrascht fest, dass nur noch eine Hausnummer unvergeben war, aber dort noch zwei Häuser gebaut wurden. Mit einer „brillanten" Idee löste man dieses Problem: Es wurde einfach die Nummer 17½ vergeben.
- Eine außergewöhnliche und nur in Westschweden und Göteborg zu findende Köstlichkeit ist der **„Halv Special"** bzw. **„Hel Special".** Aus der Welt der Göteborger Schnellimbisse ist dieses Gericht nicht mehr wegzudenken. Die Kombination von Hotdog im Brot gekrönt mit Kartoffelbrei, Senf und Ketchup sieht auf den ersten Blick nicht sonderlich appetitlich aus, schmeckt aber dann doch deutlich besser, als der Anblick vermuten lässt. Der „Halv Special" unterscheidet sich vom „Hel Special" nur duch die Anzahl der Würste: Im Ersten findet man unter dem Kartoffelpüree nur eine Knackwurst, während der etwas teurere „Hel Special" mit zweien aufwartet. Der Vasagrillen (s. S. 60) am gleichnamigen Platz bietet die beiden Special-Varianten auch noch tief in der Nacht an.
- **Für Frühaufsteher** gibt es einen besonderen Tipp! Von Montag bis Freitag findet jeden Morgen ab 6.30 Uhr im **Fischereihafen eine klassische Auktion** statt. Im Gegensatz zum Hamburger Fischmarkt, der sich nur an Besucher und Touristen richtet, trifft sich in Göteborg ausgewiesenes Fachpublikum, das beruflich mit Fischen handelt. Geführte Touren (85 Skr p. P.), die in unregelmäßigen Abständen stattfinden, ermöglichen auch fachfremden Besuchern einen Einblick. Informationen erhält man bei Linda Frithiof (linda@gfa.se) oder unter www.gfa.se.

071gb Abb.: ld

Stadtspaziergang

Nach dem Frühstück im Hotel – in den meisten Unterkünften der Stadt ist die erste Mahlzeit des Tages im Zimmerpreis eingeschlossen – besucht man den kleinen Jachthafen Lilla Bommen [K/L3], der im Norden der Innenstadt genau am Götafluss liegt. Neben den Jachten und Bötchen liegt seit vielen Jahren der Großsegler **Barken Viking** (s. S. 120) fest vertäut. Einen Steinwurf von der Viking entfernt, ragt eins der wenigen Hochhäuser der Stadt in den Himmel: **Götheborgs Utkiken** 1 ist das weiß-rote Gebäude, von dessen verglaster Plattform in fast 90 m Höhe man einen sehr schönen Ausblick hat. Hier kann man sich gut orientieren, gewinnt einen Überblick über die Stadtstruktur (bei Redaktionsschluss war die Aussichtsplattform wg. Renovierung **geschlossen**, bitte vor Ort informieren). Immer am Wasser entlang erreicht man den Hafen Lilla Bommen. Südwestlich erhebt sich seit 1994 das imposante **Operngebäude** 2 des Göteborger Architekten Jan Izikowitz. Dem Kai flussabwärts folgend fallen einem sofort die vielen Schiffe auf, die scheinbar bunt durcheinandergewürfelt auf dem Göta älv vor sich hinschaukeln. Diese Schiffe stellen den Kern des Museums **Maritiman** 3 dar. Dem Stora Hamnkanalen, dem großen Hafenkanal folgend, erheben sich die ehemalige Zentrale der schwedischen Ostindienkompanie – heute **Stadsmuseum** 5 – und die **Deutsche Kirche** 6 auf der linken Uferseite. Rund um den **Gustav Adolfs Torg** 7 laden Imbisslokale und Restaurants zum Mittagessen ein.

Stadtplanung für Anfänger: die Stora Nygatan Nr. 17½

Routenverlauf im Stadtplan
Der hier beschriebene Spaziergang ist mit einer farbigen Linie im Stadtplan eingezeichnet.

Gestärkt geht es die Ostra Hamngatan Richtung Süden entlang. Am Kungsportsplatsen starten die **Paddan-Boote** (s. S. 20) zu einer Stadtrundfahrt auf dem Wasser. Am Bootsanleger vorbei über die Brücke geht es rechts, entlang des Rosenlundkanals, in den Kungsparken [L5], wo man sich ein wenig erholen und die Ruhe im Grünen genießen kann. Wechselt man am Parkende über die Brücke auf die rechte Kanalseite, trifft man auf die **Feskekörka** 10 mit den berühmtesten Fischgeschäften der Stadt. Nach einer neuerlichen Kanalquerung kommt man über den Järntorget direkt in das historische **Stadtviertel Haga** 19. Die Hauptstraße Haga Nygata ist nur für die widerstandsfähigsten Asketen ohne eine Kaffeepause zu meistern. Mit Koffein in der Blutbahn ist der steile Aufstieg zur alten Festungsanlage **Skansen Kronan** 20 dann ein Kinderspiel. Schließlich geht's wieder Richtung Hagakyrkan 18. Der Vasagatan mit dem **Universitätshauptgebäude** 17 und dem **Röhsska Museet** (s. S. 48) folgend, erreicht man die **Kungsportsavenyn** 15. Am Ende des Prachtboulevards lockt der **Götaplatsen** 14 mit einem beeindruckenden Architekturensemble und dem zentralen Poseidonbrunnen.

In den **Restaurants und Kneipen der Avenyn** 15 findet sich von der Imbissbude bis zur Haute Cuisine für jeden Geschmack etwas. Und anschließend laden die vielen Clubs des Viertels zu Tanz und Getränk.

Nordstaden und Inom Vallgraven (Nordstadt und innerhalb des Wallgrabens)

Die beiden genannten Stadtviertel im nördlichen Innenstadtbereich stellen den Kern des historischen Göteborg dar. Dieser Teil wird schon rein städtebaulich vom Rest der Stadt getrennt: Halbkreisförmig begrenzt der ehemalige Befestigungsgraben im Süden und Osten das Herz der Stadt. Doch nicht nur Bauwerke aus der Gründerzeit bestimmen das Bild. Vielmehr ist es die Mischung aus aufwendig restaurierten Prachtbauten und den modernen und architektonisch ansprechenden Nachbargebäuden, die den Charme ausmacht. Einen guten Startpunkt für einen erkundenden Stadtrundgang stellt der Jacht- und Bootshafen Lilla Bommen [K/L3] im Norden dar. Nach Göta älv und den Kaianlagen steuert man dann am Stora Hamnkanalen (Großer Hafenkanal) entlang in Richtung historisches Stadtzentrum.

1 Götheborgs Utkiken ★★ [L3]

Der „Läppstiftet" („Lippenstift") ist zu einem **Wahrzeichen** der Stadt Göteborg geworden. Während der Bauphase und auch noch nach Fertigstellung wurde das charakteristische rot-weiße Bauwerk nicht von allen Göteborgern geliebt. Eins ist aber unbestritten: Von der **Aussichtsplattform** in 86 m Höhe hat man einen exquisiten Blick über die gesamte Stadt und bei klarem Wetter kann man sogar bis zum Schärengarten schauen. Der Besuch der Aussichtsplattform ist aktuell allerdings leider nicht möglich, da sie einer **umfassenden Renovierung** unterworfen ist. Deshalb bitte kurzfristig vor Ort informieren, ob sich der Status diesbezüglich verändert hat.

› Lilla Bommen 1

2 Göteborgs Operan ★ [K3]

Ein **architektonisch faszinierendes Gebäude** wurde 1994 offiziell eingeweiht: die Göteborger Oper. Bis dahin waren Opernaufführungen, Musicals oder Ballettproduktionen im Stora Teatern auf der Avenyn zu sehen gewesen. Dem Architekten Jan Izikowitz ist damit ein Bauwerk gelungen, bei dem er sich – O-Ton – von anderen Opernhäusern weltweit, aber auch von der Lage am Wasser,

029gb Abb.: ld

› Das Eingangsportal der Göteborger Oper 2

den Frachtern und Fähren, den Brücken und Kränen der Stadt hat inspirieren lassen.

15 Jahre nach der Einweihung der Oper kam es schon zur ersten Renovierung, bei der insbesondere die Bühnentechnik auf den Stand des 21. Jahrhunderts gebracht wurde. Auch die Zahlen sprechen für sich: über 28.000 Quadratmeter, 1117 Räume, 1200 Angestellte und zwei Konzertsäle, wobei der größere 1300 Zuschauern Platz bietet. Übers Jahr verteilt finden hier ca. 270 Vorstellungen statt, aber **auch für Opernmuffel** ist allein der Besuch des Bauwerkes lohnenswert.

› Christina Nilssons Gata, Tel. 031 108000, Kartenvorverkauf: Tel. 031 131300, www.opera.se, Eintritt: Ticketpreise sehr unterschiedlich, siehe Website

3 Maritiman ★★★ [K4]

Die direkte Lage am Meer, der beeindruckende Hafen, die Verschiffung von Waren, Gütern und Passagieren und die allgegenwärtige Präsenz von Frachtern, Tankern, Fähren, Barkassen und sonstigen seegängigen Fahrzeugen jeglicher Couleur bestimmen das Bild und den Charakter Göteborgs maßgeblich. Was liegt also näher, als diesen Schiffen ein Denkmal in Museumsform zu setzen?

Das Maritiman ist ein wirklich außergewöhnliches Museum, das nicht nur für erfahrene Seebären von Interesse ist. **Zehn maritime Gefährte** liegen fest vertäut am Kai, untereinander verbunden mit Brücken und Stegen, und können vom neugierigen Besucher erklommen werden. Wer schon immer einmal das Deck eines Zerstörers – auf schwedisch heißt diese Schiffsklasse „Jäger“ – erkunden wollte, kann das auf der „Småland“ realisieren. Aber auch das Innenleben des ausrangierten Kriegsschiffs kann in Augenschein genommen werden: Wie schlafen die Matrosen? Wo arbeitet der Smutje und wie sieht die Kommandobrücke aus? All dies und noch vielmehr wird beantwortet.

Neben dem militärischen Teil des **schwimmenden Museums**, es gibt auch noch ein Schnellboot und ein U-Boot zu besichtigen, kommt aber auch die zivile Seefahrt nicht zu kurz: Feuerschiffe, Schlepper und andere Hafengefährte ergänzen das museale Angebot. Die speziellen **Kinderführungen** von Virvelina und Tim finden

028gb Abb.: ld

Auf der Barken Viking (s. S. 120) kann man auch übernachten

von Juni bis August statt. In der angeschlossenen **Cafeteria** kann man die gewonnenen Eindrücke bei Kaffee und Gebäck sacken lassen.

› Packhusplatsen 12 (direkt hinter der Oper), www.maritiman.se, Tel. 031 105950, Eintritt: 165 Skr, Kinder von 5 bis 15 Jahre 95 Skr (alle Preise gelten für die Hauptsaison von Juni bis August, andere Monate sind preiswerter), geöffnet: April, Mai, Sept.-Nov. Sa., So. 11-16, Juni und Aug. tägl. 10-17, Juli tägl. 10-18 Uhr (in den schwedischen Oster- und Herbstferien teilweise erweiterte Öffnungszeiten)

4 Kronhuset und Kronhusbodarna ★★ [K4]

Das Kronhuset ist das **älteste existierende Profanbauwerk** der Stadt. Das im holländischen Stil errichtete Hauptgebäude diente ab 1654 hauptsächlich als Lager für die lokale Armeegarnison. 1660 war das Gebäude Schauplatz eines äußerst gewichtigen Reichstagstreffens, das von König Karl X. Gustav einberufen worden war. Während des Treffens, das sich über mehrere Wochen erstreckte, verstarb der König, nur wenige Tage später wurde sein Sohn, damals lediglich vier Jahre alt, in Göteborg zum neuen Staatsoberhaupt ausgerufen: Karl XI. Im Hauptgebäude finden oft Konzerte statt (Schwerpunkt Blasmusik des **Göteborg Wind Orchestra**). Auf dem Areal liegen auch die Kronhusbodarna, kleine gelbliche Gebäude, in denen Kunsthandwerker und semihistorische Manufakturen ihre Schaffenskunst feilbieten. Köstlich sind die Naschereien der **Göteborgs Choklad & Karamell Fabrik** (s. S. 74).

› Postgatan 6-8, http://kronhuset.se, Öffnungszeiten der Anbieter variieren

5 Göteborgs Stadsmuseum ★ [K4]

Allein schon das Gebäude, in dem sich das Göteborger **Stadtmuseum** befindet, ist einen Besuch wert: Seit Mitte des 18. Jahrhunderts war der Bau die Zentrale der mächtigsten und einflussreichsten Unternehmung Göteborgs. Die **Geschicke der Ostindischen Kompanie** wurden von hier gesteuert und für einige Jahrzehnte schafften die hauptsächlich aus China zurückkehrenden Segelschiffe einen ungemeinen Reichtum und Wohlstand. Dieses Geld wirkte wie ein Katalysator auf die Stadtentwicklung und Göteborg wurde zur schwedischen Boomtown des 18. Jahrhunderts. Um 1800 verschlechterte sich die Ertragslage jedoch massiv, sodass die Ostindienkompanie 1813 aufgelöst wurde.

Seit 1861 ist hier das Göteborger Stadtmuseum beheimatet. Neben der Ostindischen Kompanie werden im Museum auch andere, zumeist historische Themen unter die Lupe genommen. Dabei reicht das Spektrum von den Wikingern bis hin zum industriellen Göteborg des 20. Jahrhunderts. Abgerundet wird das Programm durch ergänzende Ausstellungen, z. B. „Letting Loose", die das Göteborg der 1960er- und 1970er-Jahre facettenreich beleuchtet.

› Norra Hamngatan 12, Tel. 031 3683600, http://goteborgsstadsmuseum.se, Eintritt: 85 Skr (zudem gilt die 140-Skr-Jahreskarte, s. S. 48), unter 20 Jahren kostenlos, Di., Do. 10-18, Mi. 10-20, Fr.-So. 10-17 Uhr

Das Stadtwappen weht über dem Gustav-Adolf-Platz 7

6 Christinae Kyrkan oder Tyska Kyrkan (Deutsche Kirche) ★ [L4]

Parallel zur Verleihung der Stadtrechte im 17. Jahrhundert beschloss man auch – nicht zuletzt wegen der großen Anzahl deutscher und niederländischer Bewohner Göteborgs – eine **Kirche für diese Immigranten** zu bauen. Nach zwei verheerenden Bränden wurde die Kirche, benannt nach Christina, der Tochter Gustav Adolfs II., 1783 wiederhergestellt. Noch heute wird der Pfarrer von der Deutschen Evangelischen Kirche für sechs Jahre nach Göteborg entsandt, um den ca. 900 Gemeindemitgliedern moralisch religiösen Beistand zu leisten.

› Norra Hamngatan 16, Di.–Fr. 12–16, Sa. 11–15, So. 10–14 Uhr, Tel. 031 7316130, www.svenskakyrkan.se/tyska, sonntäglicher Gottesdienst auf Deutsch um 11 Uhr

7 Gustav Adolfs Torg (Gustav-Adolf-Platz) ★★★ [L4]

Der ehemalige „Große Platz" ist schon seit Jahrhunderten das klassische Stadtzentrum, der Kristallisationspunkt der Innenstadt, die „gute Stube" Göteborgs mit den wichtigen repräsentativen Gebäuden: Gericht, Rathaus und ehemalige Börse.

An **der westlichen Seite des Platzes** befindet sich das ehemalige Rathaus der Stadt, in dem heute das *Tingsrätt* Amtsgericht seine Urteile spricht. Das Bauwerk wurde von Nicodemus Tessin d. Ä., der auch das königliche Schloss Drottningholm in der Nähe von Stockholm errichtet hat, in den 1670er-Jahren gebaut. An der nördlichen Platzseite schließen sich das Stadshuset und die ehemalige Börse an, die heute beide von der Stadtverwaltung genutzt werden.

Von der Fassade der Börse herab – von innen bekommen sie nur besondere Gäste der Stadt Göteborg zu sehen – „blicken" sechs Skulpturen auf das bunte Treiben. Die Statuen symbolisieren – von links nach rechts: Fleiß, Glück (später in Frieden umgetauft), Handel, Seefahrt, Reichtum und Industrie. Der Gründer der Stadt prangt stolz in der Mitte des Platzes auf einem hohen Sockel: Gustav II. Adolf. Die **Errichtung des Denkmals** vor rund 170 Jahren sollte sich jedoch schwieriger gestalten, als die Stadtväter sich das gedacht hatten. Der Auftrag für den Guss des Standbilds ging an eine italienische Firma in Rom. Deren Bronzelegierung war jedoch von so schlechter Qualität, dass der Guss fehlschlug. Ein erneuter Auftrag wurde anschließend an

030gb Abb.: ld

Gustav II. Adolf – ein König macht Schweden zur europäischen Großmacht

In der Geschichte eines jeden Landes gibt es entscheidende Weichensteller, ohne die historische Entwicklungen in eine andere Richtung gelaufen wären – positiv oder auch negativ. Als im Dezember 1594 Gustav Adolf das Licht der Welt erblickte, gab es eine durchaus große Wahrscheinlichkeit, dass er einmal den schwedischen Thron besteigen würde: Sein Vater war der jüngste Sohn Gustav Wasas, dem Begründer des unabhängigen schwedischen Nationalstaates. Und diese Wahrscheinlichkeit sollte bereits – schneller als erwartet – 1611 eintreten. **Mit 17 Jahren bestieg er als Gustav II. Adolf den Thron.**

Sein Amtsantritt hätte kaum komplizierter sein können, da er von seinem Vater gleich drei Kriege geerbt hatte (gegen Russland, Dänemark und Polen). In den erbitterten Kämpfen gegen die übermächtigen dänischen Söldnerheere verdiente er sich die ersten militärischen Meriten als Feldherr. So kam es zwar zu einem für Schweden nachteiligen Friedensvertrag, aber eine offene militärische Niederlage konnte abgewendet werden. Die Außenpolitik des jungen Königs war durchaus **kriegerisch und ausgesprochen expansiv** angelegt. Die Hauptmaxime, die sich wie ein roter Faden durch seine Regentschaft zog, war die angestrebte Hegemonie über Nord-Osteuropa und somit das Ziel, die Ostsee zu einem schwedischen Binnenmeer zu machen. Innerhalb weniger Jahre hatte er dieses Ziel erreicht und die Hauptkontrahenten Russland und Polen besiegt. So war nun der Rücken frei und Gustav Adolf konnte sich mit protestantischem Missionarseifer in den in Mitteleuropa tobenden Krieg, der als 30-jähriger in die Geschichtsbücher Eingang fand, einmischen.

Dies geschah mit großem Erfolg und nur zwei Jahre nachdem er mit seinen Truppen 1630 bei Rügen gelandet war, die katholischen Heerführer Wallenstein und Tilly fast in die Verzweiflung getrieben hatte, stand seine Armee bereits tief in Böhmen und Bayern. Im November 1632 kam es bei Lützen (im

eine Münchener Firma vergeben und das Resultat konnte sich sehen lassen. Über die Nordsee wurde die Statue gen Göteborg verschifft, jedoch auch dieser Versuch stand unter keinem guten Stern: Das Schiff versank im Meer. Es konnte jedoch geborgen werden. Die erfolgreichen Finder verlangten von Göteborg jedoch eine so hohe Bergungssumme, dass man sich entschloss, ein drittes Standbild anfertigen zu lassen, da dies preiswerter war. Dieser dritte Versuch gelangte schließlich unbeschadet nach Göteborg und nach neun Jahren blickte der Stadtgründer Gustav Adolf 1854 schlussendlich über „seine“ Stadt.

8 Domkyrkan (Dom) ★ [L5]

Seit 1633 ist die aktuelle Kirche bereits die dritte, die an dieser Stelle errichtet wurde. Die erste wurde in Erinnerung an den kurz zuvor in der Schlacht bei Lützen gefallenen schwedischen König Gustav II. Adolf als „Gustavi Domkyrka“ eingeweiht. Zwei Stadtbrände und die entspre-

heutigen Sachsen-Anhalt gelegen) zu einer der Großschlachten des 30-jährigen Krieges. Der Ausgang der Schlacht – beide Seiten reklamierten den Sieg für sich – war im Nachhinein nur von untergeordneter Bedeutung und wurde von einem Ereignis überlagert. Während des Gefechts wurde Gustav Adolf **tödlich von Kugeln getroffen** und stürzte von seinem Pferd „Streiff". Der tote König wurde anschließend nach Schweden überführt und in der Stockholmer Riddarholms-Kirche beigesetzt.

Sein Vermächtnis – neben der Etablierung Schwedens als europäische Großmacht für fast 100 Jahre – war auch eine Modernisierung des schwedischen Staatswesens. Neben militärischen Reformen und der Einführung eines stehenden Heeres zentralisierte er die Verwaltungsstrukturen und sorgte für den Aufbau einer neuen Rechtsordnung und der Errichtung von Gerichtshöfen, die bis heute in Schweden Bestand haben. Und sein treues Pferd „Streiff" kann man noch heute ausgestopft in der Rüstungskammer des königlichen Schlosses in Stockholm bestaunen.

chenden Wiederaufbauten später wurde das aktuelle Bauwerk 1825 inklusive Turm fertiggestellt und 1827 mit einer pompösen Feier eingeweiht. Da das Kirchenareal auch immer Friedhof gewesen war, schätzt man, dass ca. 23.000 Menschen über die Jahrhunderte bis heute dort begraben worden sind. In den 1980er-Jahren wurde der Dom von außen und innen im klassizistischen Stil renoviert.

› Västra Hamngatan, Tel. 031 7316130, www.svenskakyrkan.se/gbgdomkyrko, Mo.–Fr. 10–18.30, Sa., So. 10–16 Uhr

031gb Abb.: ld

Der Dom zu Göteborg

9 Große Markthalle (Stora Saluhallen) ★★ [L5]

„Die kulinarische Welt vereint unter einem Dach", so oder ähnlich könnte ein Werbeslogan für die Stora Saluhallen im Zentrum der Stadt lauten. Fast 40 Verkaufsstände, Restaurants, Delikatessenläden oder urige Lebensmittelmanufakturen tummeln sich hier unter einem Dach.

Von außen erinnert das Gebäude etwas an einen deutschen Großstadtbahnhof mit seiner Dachkonstruktion aus Stahl und Glas. Und so ist es auch kein Zufall, dass die Markthalle, seit 1985 offiziell unter Denkmalschutz stehend, in der gleichen Epoche wie die meisten deutschen Bahnhöfe gebaut wurde: Seit 1889 werden hier ausschließlich Lebensmittel an den Endverbraucher verkauft. Über

032gb Abb.: ld

MEIN TIPP

Einmaliges Erlebnis: Eine Fahrt mit dem Paddan-Boot

Eine Fahrt mit den flachen Paddan-Booten durch die Kanäle und den Hafen der Stadt ist seit über 80 Jahren ein touristisches „Muss“! Die Perspektive vom Wasser aus ist einmalig und bei trockenem Wetter – wegen der niedrigen Brücken haben die Boote kein Dach – ein interessantes und abenteuerliches Unterfangen.

Als im Jahr 1939 das erste „Krötenboot“ durch die Kanäle Göteborgs schipperte, konnte niemand den riesigen Erfolg der einfachen Ausflugsboote vorausahnen. Es begann mit einem Boot mit zwölf Sitzplätzen, heute finden bis zu 90 Gäste Platz an Bord. Besonders schön bei den Rundfahrten sind der Kommentar – vorne am Bug sitzt immer ein Fremdenführer und erklärt das Sehenswerte auf Schwedisch und Englisch – und das interaktive Element der Passagiere: Da **einige Brücken ausgesprochen niedrig** sind – die bekannteste ist der „Käsehobel“ –, sind die Passagiere, so denn ihnen ihr Haupt lieb und teuer ist, gezwungen, vor einigen Brücken ihren Sitzplatz zu verlassen und auf dem Schiffsboden niederzukauern. Trotz leuchtend bunter Warnmarkierungen unter der Stora Bommens Bro, wie der Käsehobel offiziell heißt, stoßen sich jedes Jahr doch immer wieder ein bis zwei Passagiere den Kopf. Und kein Schädel ist so hart wie Schwedenstahl! Im Winter gibt es Sonderfahrten, zumeist zum Weihnachtsmarkt im Vergnügungspark Liseberg 11, bei dem die Mitfahrer eine „Paddan-Decke“ zum äußerlichen und einen typisch schwedischen „Glögg“ („Glühwein“) zum innerlichen Wärmen erhalten.

- 1 [L5] **An- und Ablegestelle Paddan-Boote,** am Kungsportsplatsen direkt am Vallgraven-Kanal, Tel. 031 609670, www.stromma.com/de-se/gothenburg/sightseeing/sightseeing-by-boat, Erwachsene 250 Skr, Kinder von 6 bis 15 Jahren 125 Skr, Fahrtdauer ca. 50 Min., Saison: Ende März–Anfang Nov. Für winterliche Sonderfahrten bitte im Internet oder direkt vor Ort informieren. Hunde sind an Bord leider nicht erlaubt.

die Jahre hat sich das Angebot den Zeitläufen angepasst und das Spektrum reicht von exotischen Gewürzen über nordische Fisch- und arabische Fleischspezialitäten bis hin zu schwedischen Käseklassikern. Besonders in der Mittagszeit ist die Saluhallen sehr gut besucht: Für wenig Geld kann man hier köstliche Tagesgerichte verzehren und die in der Nachbarschaft Arbeitenden lassen sich nicht zweimal bitten. Im Sommer gibt es auch die Möglichkeit, an Tischen vor der Halle zu sitzen und an Marktständen Obst, Gemüse oder auch Blumen einzukaufen.

› Kungstorget, www.storasaluhallen.se, Mo.–Mi. 10–18, Do., Fr. 10–19, Sa. 10–17 Uhr

10 Feskekörka (Fischkirche) ★★★ [K6]

Die Bedeutung des Fischfangs für Göteborg hat sicherlich abgenommen. Doch das war nicht immer so: Bereits 1644 existierte auf dem heutigen Lilla Torget ein für die Versorgung der Bevölkerung ungemein wichtiger Fischmarkt. Über die Jahrhunderte wurde der größte Fischmarkt der schwedischen Westküste mehrfach verlegt. Erst seit 1849 befindet er sich in der Rosenlundsgatan.

Der Besuch der Feskekörka ist nicht nur für Freunde der Meeresfrüchte, sondern für alle Göteborgbesucher ein Muss. Seit 1874 wird hier die Ausbeute der Fischer fangfrisch an den Endkunden gebracht. Hygienische Gründe und – so wird es gerne von den lokalen Stadtführern erzählt – die Beschwerden der im Winter frierenden Fischersfrauen sorgten erstmalig für ein massives, winterfestes Bauwerk zum Fischverkauf. Dabei ist das Ambiente der Feskekörka, der Fischkirche, wie sie schnell im Volksmund getauft wurde, einmalig. Der Offizier und Architekt Victor von Gegerfelt hat mit seinem Entwurf eine baulich **ausgesprochen ungewöhnliche Markthalle** geschaffen. 2024 wurde sie nach jahrelanger Grundsanierung wiedereröffnet und beherbergt nun zwei Fischgeschäfte und vier Fischrestaurants (s. S. 59). Wo sonst in der Welt kann man in quasi religiöser Atmosphäre Fische, Krabben oder Muscheln erstehen oder direkt verspeisen?

› Rosenlundsvägen, www.feskekorka.se, Mo.–Fr. 10–18, Sa. 10–15 Uhr

033gb Abb.: ld

[<] *Nicht nur auf hungrige Mägen hat die Stora Saluhallen 9 eine magnetische Anziehungskraft*

[>] *Die Fischkirche 10 ist eines der markantesten Bauwerke der Stadt*

Außerhalb des Wallgrabens

Sehenswert sind auch die Viertel Lorensberg, Vasastaden, Haga und Masthugget. Genau südlich des alten Wassergrabens schließt sich heute mit dem Trägårdsforeningenspark und dem Kungsparken eine Oase und zugleich grüne Lunge an. Hier ist der Ausgangspunkt der berühmtesten Verkehrsader der Stadt, der Kungsportsavenyn (15), im Volksmund nur kurz „Avenyn" genannt. Westlich davon trifft man in Lorensberg auf diverse Gebäude der Uni Göteborg (17). Zwischen der Burg „Skansen Kronan" (20) und dem Rosenlundskanalen schmiegt sich das hölzerne Stadtviertel Haga (19) an den Festungshügel.

(11) Vergnügungspark Liseberg ★★★ [P7]

In ganz Skandinavien gibt es – gewertet nach der Besucherzahl – keine größere Publikumsattraktion als den Vergnügungspark Liseberg. Jedes Jahr kommen ca. drei Millionen Besucher auf das Parkareal.

Bereits seit 1923 pilgern nicht nur die Göteborger nach Liseberg. Anfangs war der Park nur als einmalige Attraktion zum 300-jährigen Stadtjubiläum geplant, aber 800.000 Besucher innerhalb eines Monats ließen die Stadtväter umdenken und Liseberg zu einer Institution werden, die sich auch heute noch fest in der Hand der Stadt Göteborg befindet. Seit 2000 wird die Saison der vormalig reinen Sommerattraktion um das Winterspektakel „Weihnachten in Liseberg" erweitert. Dabei ist Liseberg **kein reiner Vergnügungspark** im klassischen Sinne. Neben den Fahrgeschäften, Achterbahnen (davon gibt es im Park gleich sechs) und Verkaufsständen locken auch diverse Bühnen, Konzerte und eine eher traditionelle Parklandschaft den Besucher. Restaurants und Cafés runden das Angebot auch kulinarisch ab. 2024 sollte der Park um die großzügige Wasserwelt **„Oceana"** erweitert werden, doch ein verheerender Großbrand im Februar 2024 verhinderte dies. Wie es mit dem Wasserparadies weitergeht, ist noch unklar.

- Diverse Straßenbahnlinien fahren nach Liseberg und zur Haltestelle gleichen Namens, ab Innenstadt 6–8 Minuten, interessant auch die besondere „Lisebergslinjen", bei der man mit historischen Straßenbahnen vom Hauptbahnhof [M4] direkt zum Park befördert wird (30 Skr, www.ringlinien.org/sv/lisebergslinjen).
- Örgrytevägen 5, www.liseberg.se, Tel. 031 400100, Eintritt nur für den Parkbesuch 95–185 Skr (je nach Wochentag und Jahreszeit, Kinder unter 1,10 m Körpergröße gratis), Pass zur Benutzung aller Attraktionen inkl. Eintritt 395–645 Skr, zusätzlich noch diverse individuelle Angebote, abgestuft nach Intensität der Fahrgeschäftnutzung. Saison: Ende Apr. bis Ende Sept., „Weihnachten in Liseberg" ab Mitte Nov.

(12) World of Volvo ★★★ [Q8]

Da hat sich der größte und bekannteste Autohersteller Schwedens definitiv nicht lumpen lassen: Unter Federführung des Architekturbüros Henning Larsen wurde, nur wenige Meter südlich des Vergnügungsparks Liseberg (11) gelegen, das größte Holzgebäude Skandinaviens erschaffen. Im Frühling 2024 öffnete es erstmalig seine Tore.

Die mächtige **Rotunde** hat einen Durchmesser von 110 m und die Gesamtfläche des monumentalen Bauwerks, das zu großen Teilen transparent verglast ist, beträgt 22.000 m^2 auf fünf Stockwerken. Die World of Volvo zeichnet selbstverständlich die **Firmengeschichte Volvos** seit der Gründung in den 1920er-Jahren anhand ikonischer Fahrzeuge nach. Parallel dazu ist der spektakuläre Rundbau auch ein kultureller Leuchtturm, der mit **digitalen Experimenten, kulinarischen Events, Konzerten und Ausstellungen** zu globalen Themen die Besucher begeistert.

› Lyckholms Torg 1, www.worldofvolvo.com, tägl. 10–18 Uhr, Erwachsene ab 225 Skr, Jugendliche 13–18 Jahre ab 180 Skr, Kinder 7–12 Jahre ab 150 Skr, unter 7 Jahren frei. Eintrittskarten müssen online und für ein spezifisches Besuchs-Zeitfenster reserviert werden.

13 Universeum ★★ [O7]

Das Universeum ist nach klassischen Mustern nur sehr schwer zu kategorisieren: Es ist sowohl Zoo wie auch Botanischer Garten, wie auch Laboratorium, wie auch Wissenschaftscenter … und irgendwie auch ein Museum. Auf sieben Etagen kann man hier die Welt für sich neu entdecken und **spannende bis ungewöhnliche Dinge erleben.** Eine riesige Glashalle beherbergt eine beeindruckende Nachbildung des tropischen Regenwalds: Dort spaziert man durch das feuchtheiße Grün und kann sich z. B. vor haarigen Vogelspinnen ekeln und neugeborene Anakondas bestaunen. Wem der Dschungel nicht gefällt, der fliegt eben in den Weltraum oder besucht im Aquarium die Haie. Auch für Erwachsene gibt es viel zu entdecken und das Universeum ist nicht nur Kindern einen Besuch wert. An einem regnerischen Tag der perfekte, weil überdachte, Zeitvertreib.

› Straßenbahnlinien 2, 4, 5, 6 und 8 bis zur Haltestelle Korsvägen
› Södra Vägen 50, Tel. 031 3356400 www.universeum.se, tägl. 10–18 (im Sommer bis 20 Uhr), Erwachsene ab 225 Skr, Kinder 3–16 Jahre ab 175 Skr (in der Hochsaison Erw. 295 Skr, Kinder 245 Skr)

14 Götaplatsen ★★★ [N6]

In einem Göteborg Reiseführer aus dem Jahr 1920 hätte man diesen Eintrag nicht finden können, da damals dieser Teil der Stadt noch sehr agrarisch geprägt war und sich die „Kühe“ hier gute Nacht sagten. Aber das 300-jährige Stadtgründungsjubiläum rückte näher und die Stadtväter wollten Göteborg urbaner präsentieren und mit einem zentralen, repräsentativen Platz aufwerten: der heutige Götaplatz am südlichen Ende der Kungsportsavenyn 15.

Und dieser repräsentative Platz ist ihnen auch wirklich gelungen. Bei der Einweihung des Platzes im Jahr 1923 standen jedoch vorerst nur zwei Gebäude: das Konstmuseum (s. S. 47) und die Konsthall (s. S. 46). Der zentrale Brunnen existierte nur in der Vorstellung der Planer. Real war zu dem Zeitpunkt nur eine hölzerne Brunnenimitation, da über den endgültigen Brunnen noch nicht entschieden war. 1931 schließlich wurde der **imposante Poseidonbrunnen** feierlich auf dem Platz eingeweiht. Grundsätzlich war den Göteborgern der griechische Gott Poseidon als Herrscher der Meere gerade recht, sie sahen sich ja auch als eine Größe am Kattegat, aber warum musste der Bildhauer Carl Milles die Statue so offensichtlich nackt modellieren, dass einem die Männlichkeit geradezu ins Auge sprang?!

Als 1934 und 1935 Stadsteater (s. S. 70) und Konserthuset (s. S. 70) das bauliche Ensemble am Götaplatsen vervollständigten, hatte sich die Aufmerksamkeit um den nackten Meeresgott bereits wieder gelegt und heute rümpfen beim Anblick nicht einmal mehr Erstklässler ihre Nase. Vielmehr ist der Götaplatz mit dem zentralen Poseidonbrunnen jetzt eines der **Wahrzeichen der Stadt** und bei großen Ereignissen in Sport, Kultur oder Politik treffen sich die Göteborger, um zu feiern, zu huldigen oder auch ihren Unmut zu äußern. Besonders schön ist der Blick von den Stufen des Kunstmuseums hinab auf die Avenyn, wenn am Horizont die Sonne untergeht und der illuminierte Poseidon über die Stadt herrscht (auch wenn er dem Besucher von dieser Perspektive aus nur sein Hinterteil präsentiert).

› Götaplatsen (am südlichen Ende der Kungsportsavenyn)

MEIN TIPP

Bältespännarparken

Genau an der Avenyn 15, **gegenüber dem Stora Teatern** (s. S. 70) gelegen, gibt es einen kleinen Park, der zu einer Pause einlädt. Auf kleinen Bänken mit Blick auf den schlichten Springbrunnen kann man auch flugs sein Fresspaket, vielleicht vorher in der nahe gelegenen Saluhallen erstanden, öffnen und den Inhalt gemütlich dezimieren.

Der **Name der Grünfläche** bedeutet auf Deutsch so viel wie „Gürtelstrafferpark“. Der ungewöhnliche Name hat seine Wurzeln tief in der grauen Vorzeit. In der nordischen Mythologie gab es einen Gerichtskampf, bei dem zwei Kontrahenten gegeneinander auf Leben und Tod kämpften. Der Sieger war dann – quasi einem Gottesurteil gleich – im Recht und der Unterlegene hatte unrecht (was ihm im Tod relativ egal sein konnte). Um ein Kampfergebnis zu erzwingen, wurden die beiden Widersacher mit einem Gürtel eng aneinander gebunden, sodass keiner fliehen und somit der göttlichen Rechtsprechung entkommen konnte. In späteren Jahrhunderten entstand aus dieser Rechtspraxis das Duell, das jedoch von staatlicher Seite zumeist nicht mehr sanktioniert wurde und deshalb mehr und mehr an Bedeutung verlor.

Mitten im Park findet man eine **Skulptur,** die genau den oben beschriebenen Kampf bildlich umzusetzen versucht und somit Patin des Parks ist.

15 Kungsportsavenyn ★★★ [N6]

Wenn die Pariser stolz auf ihre Champs-Élysées sind, so werfen sich die Göteborger in die Brust, wenn sie von ihrem Prachtboulevard, der Kungsportsavenyn, schwärmen. Die Avenyn, wie sie in Kurzform von den Einheimischen nur genannt wird, ist die bedeutendste Achse der Stadt und ein jeder Besucher sollte einmal auf ihr flaniert sein – sonst war man nicht wirklich in Göteborg.

Die Avenyn ist noch ein relativ junges Bauwerk und wurde von Göteborger Stadtplanern erst in den 1860er-Jahren aus der Taufe gehoben. Auf der Suche nach einer konzeptionellen Erweiterung der Stadt, insbesondere vom Kungsportsplatsen aus, kam man auf die Idee eines breiten Boulevards, der sich ca. einen Kilometer gen Südosten ziehen und in einem imposanten Platz – dem heutigen Götaplatsen 14 – seinen re-

Das Palmenhaus im Trägårds Föreningens Park 16

präsentativen Abschluss finden sollte. Bei der Namensfindung für die **neue Innenstadtachse** gab es ein großes Hin und Her. Einigen sehr patriotisch gesonnenen Ratsherren gefiel der Begriff „Avenyn" nicht, da das „zu ausländisch" klänge. Über die Vorschläge „Gustav Adolfsgatan" und „Kungsportsgatan" kam man am Ende doch wieder, jedoch nur mit einer hauchdünnen Mehrheit, zum ursprünglichen und noch heute gültigen Namen zurück.

Heute ist die Avenyn **Flanierstraße, Einkaufsparadies sowie Ausgeh- und Feiermeile.** In Göteborg gibt es kein Stadtviertel mit einer größeren Café-, Kneipen-, Restaurant-, Bar- und Diskothekendichte. Im Mai/Juni stürmen die frisch gebackenen Abiturienten mit ihren weißen Studentenmützen den Boulevard und pendeln tanzend, singend und trinkend zwischen Kungsportsplatsen und Götaplatsen. Aber auch bei sportlichen Großereignissen (und für die Schweden entsprechend positiven Ergebnissen) gleicht die Straße einem gelb-blauen Fahnenmeer. Demonstrationen und politische Kundgebungen haben ebenfalls eine Avenyn-Tradition, da hier ausreichend Platz ist und man die gewünschte Aufmerksamkeit erzeugen kann. Hier ist wirklich immer etwas los – deshalb auf keinen Fall entgehen lassen, die Kungsportsavenyn!

16 Trädgårds Föreningens Park ★ [M5]

Göteborg ist eine quirlige, lebendige und manchmal auch etwas laute Großstadt. Ein **Rückzugstipp**, um dem ganzen Rummel zumindest temporär zu entfliehen, ist die großzügige Parkanlage der Trädgårds Förening (Gartenverein). Historische Gartengebäude, schöne Grünflächen, exotische Pflanzen, ungewöhnliche Skulpturen und Kunstwerke und natürlich das berühmte Palmenhaus – dem Londoner Crystal Palace nachempfunden– mit diversen Palmen und Tropengewächsen bieten eine Ruheoase. Überregionale Anerken-

034gb Abb.: ld

nung genießt auch das Rosarium – sogar im Michelin Guide mit Sternen bewertet –, auf das die Mitglieder des Gartenvereins mit Grund stolz sind, zählt man doch mehr als 2000 verschiedene Rosensorten. Ein kleines Café innerhalb des Parkareals bietet eine Gelegenheit für eine Großstadtpause.

› www.tradgardsforeningen.se, Tel. 031 3650000, Eintritt: frei, tägl. 7–18 Uhr (im Sommer bis 20 Uhr), Palmenhaus: tägl. 10–16 Uhr (im Sommer bis 19 Uhr)

17 Universität Göteborg (Göteborgs Universitet) ★ [M6]

Göteborgs Universität ist die drittälteste Hochschule Schwedens, obwohl sie erst in den 1890er-Jahren gegründet wurde. Nur Uppsala (1477) und Lund (1666) sind älter und haben eine schon allein historisch begründete Reputation, mit der Göteborg nicht mithalten kann. Trotzdem ist die Göteborger Uni mit 54.000 Studenten an neun Fakultäten **eine der größten Universitäten Skandinaviens** und bei Studienanfängern sehr populär. Da sie keine klassische Campus-Uni ist, sind die Gebäude über das gesamte Stadtgebiet verteilt, wobei jedoch ein Schwerpunkt in Vasastaden und Lorensberg zu finden ist.

Das universitäre **Hauptgebäude** steht seit Anfang des 20. Jh. an der Vasagatan. Stilistisch ähnelt es seinen Pendants in Uppsala und Lund, die man beim Bau sicherlich als Vorbild genommen hatte. Finanziert wurde das wuchtige Gebäude von einem der Gründerväter der Göteborger Uni: Oscar Ekman spendete 1901 den Betrag von 450.000 Skr, um den Bau realisieren zu können.

› Tel. 031 7860000, www.gu.se

18 Hagakyrkan (Haga-Kirche) ★ [K6]

Bei der Fertigstellung der Haga-Kirche im Jahr 1859 diente sie als Erweiterungsbau für die innerhalb des Wallgrabens gelegene Domkirche. An englische Vorbilder angelehnt war sie eine der ersten schwedischen Kirchen, die **im Stil der Neogotik** errichtet wurde. Erst mit der Gründung der Gemeinde Haga 1883 wurde sie zu einer eigenständigen Kirche, die der Gemeinde vorstand. Der Turm ragt 49 m in die Höhe und in dem 46 m langen und 16 m breiten Kirchengebäude finden 1000 Gläubige Platz.

› Södra Allégatan, Tel. 031 7316130, www.svenskakyrkan.se/haga, Di.–Sa. 11–15 Uhr, Gottesdienste sonntags um 11 Uhr, Straßenbahnlinien 3, 6 und 11, Haltestelle Hagakyrkan

19 Haga – das historische Stadtviertel ★★★ [J6]

Das Viertel rund um die Hauptstraße Haga Nygata ist das älteste, teilweise noch im Originalzustand erhaltene Quartier Göteborgs. Die Gründungsurkunde, damals noch von Königin Christina, der Tochter Gustav II. Adolf, unterzeichnet, ist datiert auf das Jahr 1647.

Schon bei der Gründung von Haga war das neue Stadtviertel nicht darauf angelegt zu glänzen und zu repräsentieren. Vielmehr sollte erstmalig außerhalb des Stadtgrabens eine **schlichte Wohnsiedlung** „für Fischer, Seemänner sowie andere Tagelöh-

Die urige Haga Nygata mit ihren vielen Cafés und Lokalen

035gb Abb.: ld

ner“ entstehen. Knapp 20 Jahre später zählte das junge Viertel bereits 200 Einwohner, die Wohnbedingungen waren selbst für die damalige Zeit sehr schlicht und spartanisch, aber für die Bewohner bezahlbar. Mitte des 19. Jahrhunderts, die Industrialisierung hatte auch an der schwedischen Westküste Fuß gefasst, kam es durch die Zuwanderung von Arbeitskräften zu einem Wohnungsmangel und in Haga wurden Unterkünfte für das schnell wachsende „Proletariat“ geschaffen. Der am Rande des Viertels gelegene Järntorget erhielt seinen heutigen Namen („Eisenplatz“), nachdem er zuvor noch „Bierhalteplatz“, in Anlehnung an die vielen Vergnügungsetablissements, geheißen hatte.

Die katastrophalen Wohnbedingungen ohne Sanitäranlagen führten in den 1960er-Jahren zu einem immensen Sanierungsdruck, dem die Stadt Göteborg nachkommen wollte, indem sie die Mehrzahl der Gebäude aufkaufte (ca. 80 % der Häuser wurden von der Kommune übernommen), um sie abreißen zu können. Zeitgleich bildeten sich Interessengruppen aus Bewohnern und Anhängern der historischen Bauwerke, die sich der Abrissbirne entgegenstellten. Der Widerstand gegen den Abriss des alten Haga hatte schließlich Erfolg und mündete in den frühen 1980er-Jahren in einem **Sanierungskompromiss:** Einige Häuser wurden planiert, während das Gros der bewahrenswerten Gebäude sensibel saniert und die Neubauten dem historischen Stil entsprechend in die Straßenfronten eingefügt wurden. Trotzdem kam es in der heißen Phase zu regelmäßigen Protesten und Hausbesetzungen.

Seit den 1990er-Jahren ist das Viertel zu einer der angesehensten Wohngegenden der Stadt geworden. Das rapide gestiegene Preisniveau seit der Generalsanierung führte jedoch – wie es im Soziologendeutsch so schön heißt – zu einer Gentrifizierung des Viertels und Studenten, Künstler, Freiberufler und Aussteiger sind dem wohlhabenden Bürgertum gewichen. Der **Charme** ist Haga aber geblieben und zum Schlendern, Kaffeetrinken und Einkaufen gibt es in Göteborg kaum eine schönere Ecke (s. S. 71).

› Straßenbahnlinien 1, 3, 6, 9 und 11, Haltestellen Hagakyrkan oder Järntorget

20 Skansen Kronan ★★ [J7]

Als militärische Absicherung gegen die Dänen gedacht und um Schwedens Zugang zur Nordsee abzusichern, wurde die Skansen Kronan gegen Ende des 17. Jahrhunderts errichtet. In der über 300-jährigen Geschichte der Festungsanlage haben deren Kanonen nicht einen einzigen Schuss abgefeuert. Ebenso wenig wurde auf den Festungsturm jemals geschossen. Vom Burghügel aus hat man eine tolle Aussicht über die Stadt und die ausgedehnten Hafenanlagen. In späteren Jahrhunderten dienten die Katakomben als Gefängnis und dort, wo früher die Inhaftierten ihren wöchentlichen Freigang genossen, sitzen heute die Besucher der Festung auf Bänken und genießen den Blick über die Stadt. Bei Heiratsabsichten: **Komplette Hochzeitsarrangements** inkl. mehrgängigem Menü werden hier in historischem Ambiente gerne realisiert.

Vom Gefängnis zur Touristenattraktion: die Skansen Kronan

036gb Abb.: ld

› Skansberget, www.skansenkronan.se, Tel. 070 4184525. Der Besuch der Gesamtanlage ist kostenfrei und das ganze Jahr möglich, der zentrale Turm ist nur sehr eingeschränkt zu besichtigen, bitte vorher informieren! In den Sommermonaten ist das Lokal **Kronans Terrass** geöffnet. Straßenbahnlinien 1 und 6 bis Haltestelle Prinsgatan, von dort mit eigener Wadenkraft den Berg hinauf.

› **Kronans Terrass** €€-€€€, https://skansenkronan.se/terrass. Leckere Grillgerichte und ein tolles Stadtpanorama unter freiem Himmel.

21 Masthuggskyrkan (Masthugget-Kirche) ★★ [H7]

Obwohl die Masthugget-Kirche erst im Oktober 1914 eingeweiht wurde, läutete sie schon zwei Monate zuvor die allgemeine Mobilisierung der schwedischen Armee nach Ausbruch des Ersten Weltkrieges ein: Am 2. August erklangen die Glocken der noch nicht fertiggestellten Kirche und riefen alle schwedischen Männer zu den Waffen.

Die auf einem Hügel gelegene, im nationalromantischen Stil erbaute Kirche ist nicht nur architektonisch von besonderem Interesse, sondern ermöglicht vom Kirchenhügel aus eine **fantastische Aussicht auf Göteborg und das Umland.** Auch von den meisten Punkten in der Innenstadt aus kann man die imposante Kirche gut sehen. Für viele der schwedischen Auswanderer in die Neue Welt im 19. und frühen 20. Jh. war die Masthugget-Kirche der letzte Zipfel Schwedens, den sie von den Auswandererschiffen aus erblicken konnten, bevor es über den Atlantik ging.

› Storebackegatan 15, Tel. 031 7319200, www.svenskakyrkan.se/masthugg, Di. 10–18, Do. 10–14, alle anderen Tage 10–16 Uhr, Straßenbahnlinien 3, 9 und 11 Richtung Marklandsgatan, Kungssten oder Saltholmen bis Haltstelle Stigbergstorget, von dort auf des Schusters Rappen den Hügel hinauf

22 Klippan Kulturreservat ★★ [C8]

Wen vormalige Industrieanlagen des 19. Jahrhunderts faszinieren, die heute zweckentfremdet, entkernt und für Kunst und Kommerz genutzt werden, der ist im Viertel Klippan genau richtig.

Mitte des 19. Jahrhunderts war das Viertel Klippan **das Silicon Valley Göteborgs.** Der Antreiber und Initiator war David Carnegie, ein schottisch-schwedischer Industrieller, der neuen Techniken gegenüber aufgeschlossen war. Unter seiner Ägide wurden die neusten Prozesse in der Industrieproduktion implementiert. In der Zeit wurden 30 % des industriellen Outputs Göteborgs in seinem Namen hergestellt und insbesondere die Zuckerproduktion und die Brauereien boomten.

Heute noch stehen die **beeindruckenden Fassaden** der damaligen Expansionsphase – doch inzwischen dienen sie gänzlich anderen Zwecken. Die riesige Porterbrauerei Carnegies beherbergt heute ein Hotel und ein Restaurant. Viele umliegende Gebäude haben kulinarische oder kulturelle Institutionen aufgenommen, wurden durch moderne Architektur ergänzt und faszinieren auf ganz eigene Art. So findet man hier z. B. die **Röda Sten Konsthall** (s. S. 49) mit interessanten Wechselausstellungen. Ein uriges Kleinod stellt die **St.-Brigitta-Kapelle** dar, die auf einer kleinen Anhöhe mitten im Industrieareal steht. Außerdem kann man die **Ruinen der Festung Älvsborg** besichtigen, die früher eine große Bedeutung für die Gegend und zahlreiche wechselnde Besitzer hatte. Die Festungsreste sind frei zugänglich, überdacht und mit Hinweistafeln versehen. Und über dem ganzen Ensemble thront die moderne Älvsborgsbron, die majestätisch den Göta älv überspannt.

› Straßenbahnlinie 3 oder 9 bis Haltestelle Vagnhallen Majorna, Unterführung unter der Schnellstraße nutzen und der Beschilderung Richtung „Klippan" folgen oder mit der Fähre „Älvsnabben" (Linie 285) bis zur Endhaltestelle „Klippans Färjeläge" fahren

MEIN TIPP

Für Pflanzenfreunde

Ob Anhänger der natürlichen Wildnis mit fast undurchdringlichem Grün oder Liebhaber gepflegter Gärten japanischer Provenienz – im botanischen Garten von Göteborg finden alle ihre florale Präferenz.

★2 [J10] **Botaniska Trädgård,** Carl Skottsbergs Gata 22 A, www.botaniska.se, Tel. 010 4737777, 365 Tage im Jahr rund um die Uhr geöffnet, Eintritt: frei, Spende erwünscht (30 Skr, nur bargeldlos möglich). Seit Anfang 2024 wird der Garten massiv umgestaltet, deshalb kann es zu **Einschränkungen durch die Bauarbeiten** kommen.

Edwardson, Mankell, Tursten und Co.

Alles begann 1965 mit „Die Tote im Götakanal“ (schwed. Originaltitel „Roseanna“). Das Autorenpaar Maj Sjöwall und Per Wahlöö hatte einen Polizisten mit Allerweltsnamen geschaffen, der ohne Zweifel als **Vater aller schwedischen Kommissare** angesehen werden kann: **Martin Beck.** In zehn Romanen wird Beck auf die Probe gestellt und schildert seine Sichtweise der schwedischen Gesellschaftsentwicklung. In seinen Aussagen spiegelt sich das marxistische Weltbild seiner Erschaffer wider. In der Zeit der Studentenunruhen, der Anti-Vietnamkrieg-Demonstrationen und des Aufkommens eines gewaltbereiten linken Spektrums in vielen Staaten Westeuropas kritisiert Martin Beck das kapitalistische System und die „Scheindemokratie“ in Schweden. Erstmals fand eine Verknüpfung von Krimi und offener Gesellschaftskritik statt; und das erfolgreich: Die Kommissar-Beck-Reihe erreichte Millionenauflagen und wird laufend neu aufgelegt.

Seit einigen Jahren knüpfen jüngere schwedische Autoren an die Erfolge von Sjöwall/Wahlöö an. Ob Håkan Nessers Protagonist **Van Veeteren** in der fiktiven Stadt Maardam, Liza Marklunds Romanfigur der Stockholmer **Reporterin Annika Bengtzon** oder der wohl berühmteste fiktive Schwede der Geschichte **Kurt Wallander** des 2015 verstorbenen Schriftstellers Henning Mankell – sie alle nutzen das Medium Kriminalroman, um durch ihre Figuren den gesellschaftlichen Ist-Zustand der schwedischen Gesellschaft kritisch zu beleuchten.

Auch Göteborg ist als Literaturschauplatz dunkler Machenschaften und hinterhältiger Morde nicht zu unterschätzen. Die Autorin Helene Tursten und ihre Kommissarin **Irene Huss** und Åke Edwardson mit seinem snobistischen **Kommissar Erik Winter** lassen ihre Akteure in Göteborg und Umland fluchen, sich das Hirn zermatern, sich mit ihren privaten Problemen herumschlagen und – am Ende immer erfolgreich ermitteln. Warum die schwedische Kriminalliteratur gerade im deutschsprachigen Raum so populär ist, wissen selbst deren Schöpfer nicht. Auf die Frage nach dem ungeheuren Erfolg wusste Håkan Nesser nur Folgendes zu antworten: „Das weiß ich nicht. Das ist ein deutsches Problem. [...] In meinen optimistischsten Augenblicken glaube ich, dass es daran liegt, dass wir einfach gute Bücher schreiben.“

23 Slottsskogen ★★★ [H9]

New York hat seinen Central Park, Göteborg seinen „Schlosswald“. Die Göteborger können sich brüsten, ein idyllisches, facettenreiches Naherholungsgebiet mit der Größe von über 180 Fußballfeldern oder 137 Hektar, fast mitten in der Stadt gelegen, zu besitzen.

Der Schlosswald hat nicht nur eine immense Fläche zu bieten, sondern auch eine **inhaltliche Vielfalt**, die Besucher mit unterschiedlichsten Interessen anzieht. Das Spektrum reicht von einer Minigolfanlage über einen

Vom Arbeitstier zum Wahrzeichen: der orange Bockkran von Eriksberg

ausgesprochen kinderfreundlichen **Tierpark** (mit Ponyreiten und Streichelzoo) und das **Naturhistorische Museum** (s. S. 47) bis zum städtischen **Observatorium.** Neben den genannten Attraktionen kann man den Park aber auch nutzen, um im Grünen spazieren zu gehen oder die Vielfalt der schwedischen Natur auf dem hügeligen Areal zu genießen. Im Zoo kann man **Elche** und andere nordische Tiere bestaunen, sollte sich aber auch nicht wundern, auf den kurvigen Pfaden plötzlich auf wilde Rehe zu stoßen, die ebenfalls im Slottsskogen beheimatet sind. Im Sommer picknicken die Göteborger gerne auf den Rasenflächen, joggen oder spielen mit Bällen und Frisbees. Wer dem bunten Treiben der quirligen Innenstadt mal entfliehen möchte, kann hier seine persönliche Ruhezone im Grünen finden.

› Straßenbahnlinien 1, 2 und 6, Haltestelle Linnéplatsen
› https://goteborg.se/wps/portal/enhetssida/slottsskogen, tägl. geöffnet, Eintritt: frei, Fütterungszeiten für die Seelöwen 14 Uhr und für die Pinguine 14.20 Uhr (tägl.). Die Elche werden im Sommer täglich um 14.50 Uhr gefüttert (im Winter nur Sa., So. 14.50).

24 Eriksberg ★★ [D6]

Was den Hamburgern ihre HafenCity, ist den Göteborgern ihr Eriksberg: Das ehemals rein maritim-industriell genutzte Gebiet nördlich des Göta älv hat sich im 21. Jahrhundert zum neusten und **modernsten Wohngebiet der Stadt** entwickelt. Aber der Reihe nach:

Im Jahr 1850 wurde hier offiziell die „Ericsberg Metall- och Tackjärnsgjuteri" gegründet, der erste Gießerei- und Galvanisierungsbetrieb Schwedens. Potenzielle Kunden waren Schiffsbesitzer und Kapitäne, die entsprechende Facharbeiten an ihren Schiffen ausgeführt haben wollten. Zwei Jahrzehnte später wurde der Metallfachbetrieb um eine Werft erweitert und 1873 verließen die zwei ersten Neubauten – die Dampfschiffschlepper „Aktiv" und „Erik" – das Dock. 1876 wurde das Unternehmen zur Aktiengesellschaft und ein kontinuierliches Wachstum prägte die folgenden Jahrzehnte. Besonders die kriegerische erste Hälfte des 20. Jh. mit unzähligen Reparatur- und Neubauaufträgen führte dazu, dass die Eriksberg Mekaniska Verkstad zu einer der er-

074gb Abb.: ld

Mein Tipp

Ostindiensegler Götheborg

Am Pir Fyra, dem Pier Vier, in Eriksberg liegt zeitweise ein ganz besonderes Schiff vertäut: der mächtige Ostindiensegler Götheborg, eine 1:1-Kopie des Original-Segelschiffs, welches nach drei erfolgreichen Chinareisen im Jahr 1745 in der Hafeneinfahrt, nur 800 m vor dem Ziel, auf Grund lief und sank. Das Wrack wurde Mitte der 1980er-Jahre von Tauchern entdeckt und von Unterwasserarchäologen untersucht, die schließlich die Idee eines Nachbaus der Öffentlichkeit vorstellten. Mithilfe von Unterstützern aus Wirtschaft und Regierung wurden 1995 die Bauarbeiten aufgenommen. Der Bau nach historischen Plänen, mit alten Werkzeugen und Konstruktionstechniken sowie die Integration modernster Sicherheitstechnik verschlang enorm viel Zeit. So konnte Königin Sylvia das neue, alte Segelschiff erst im September 2004 offiziell taufen.

Ein Jahr später ging die Götheborg dann auf große Expedition: Für die Fahrt nach Guangzhou (China) benötigte der Segler fast zehn Monate. Es folgten diverse Touren durch europäische Gewässer und fünf Jahre als fest vertäutes Museumsschiff. Nach weiteren ausgiebigen Touren durch Europas Gewässer in den Jahren 2022 und 2023 liegt sie aktuell – bis auf Weiteres – wieder in ihrem Heimathafen.

3 [E6] **Svenska Ostindiska Companiet AB,** Eriksberg Pir Fyra 2, Tel. 031 7793450, www.gotheborg.se. Das Schiff kann nur im Rahmen von 45-minütigen Führungen besichtigt werden. Da die Zeiten je nach Monat sehr unterschiedlich sind, bitte online oder telefonisch informieren. Erwachsene 150 Skr, Kinder 7–14 Jahre 75 Skr.

tragsreichsten Firmen Schwedens anwuchs. Und dieser Trend setzte sich nach dem Zweiten Weltkrieg und mit dem globalen Anwachsen des Schiffsverkehrs weiter fort. Bis in die späten 1960er-Jahre wurden alljährlich hohe Millionengewinne erwirtschaftet und die 6000 Werftarbeiter erhielten überdurchschnittlich hohe Gehälter. Diese hohen Löhne, Managementfehler, die Ölkrise von 1973 und nicht zuletzt die aufstrebenden Werftindustrien Japans und Koreas brachten die Werft innerhalb weniger Jahre in Schieflage. Der schwedische Staat sprang in die Bresche und kaufte den Industriegiganten 1975 für symbolische 1000 Kronen. Doch das konnte den Niedergang des Unternehmens, wie auch aller anderen schwedischen Werften, nicht verhindern. Im Juni 1979 verließ mit dem Tanker „Atlant" das letzte Schiff die Docks. Nach 130 Jahren und 626 Schiffsneubauten war ein Kapitel Stadt- und Industriegeschichte definitiv beendet.

Seit Mitte der 1990er-Jahre wird im rasanten Tempo ein „neues" Eriksberg erschaffen, das in östlicher Richtung durch ein „neues" Lindholmen ergänzt wird: Moderne, mehrheitlich funktionalistische Wohnbebauung mit hohen Räumen, breiten Balkonen und großflächigen Fenstern, die für viel Tageslicht sorgen, ersetzt die vormalige Industriearchitektur. Mitten im nun modernen Quartier stößt man aber auch auf bewusst konservierte Relikte der urbanen Wirtschaftsgeschichte wie die alte Maschinenhalle, heute **Eriksberghalle**, ein Veranstaltungsort für bis zu 2000 Gäste oder den quasi ikonischen **Bockkran**, der

Früher Werft – heute Kulturstätte: die Eriksberghalle

im leuchtenden Orange als symbolisches, 73 m hohes Eingangsportal für das neue Eriksberg steht.

Über einen gut ausgebauten Fußweg, zu weiten Teilen als schicker Holzplankenweg angelegt, kann man am Ufer entlangflanieren, dabei zur einen Seite den mächtigen Göta älv, zur anderen die moderne Wohnarchitektur im – wie die Schweden sagen – „Funkis-Stil". Einkehrmöglichkeiten runden den Erkundungsspaziergang kulinarisch ab.

› Fähre Älvsnabben, Haltestelle Eriksberg

075gb Abb.: id

Entdeckungen außerhalb der Stadt

Das Göteborger Zentrum verfügt über eine große Anzahl an Attraktionen. Alle zu besuchen würde sicherlich eine Woche bis zehn Tage in Anspruch nehmen. Da fällt es oft schwer, die richtigen persönlichen Prioritäten zu setzen. Und um nun das touristische Entscheidungsdilemma noch zu vergrößern, muss man Folgendes ehrlich feststellen: Auch außerhalb des eigentlichen Stadtzentrums gibt es einige zusätzliche Besuchermagneten, die man wirklich nicht verpassen sollte. Folgende lohnende Ziele sind alle einfach, im Rahmen von Halb- bzw. Ganztagsausflügen, mit öffentlichen Verkehrsmitteln zu erreichen.

25 Nya Älvsborg Fästning ★★

Oftmals in der Geschichte haben sich militärische Verteidigungsbauwerke als ineffektiv oder sogar schlichtweg als überflüssig erwiesen. Bei der Nya Älvsborg Fästning, die unübersehbar die äußere Hafeneinfahrt dominiert, war dies nicht der Fall und ihre massive Präsenz hat die Zeitläufe maßgeblich beeinflusst.

Im Großen Nordischen Krieg Anfang des 18. Jahrhunderts stand das Inselbollwerk zeitweise **im Mittelpunkt der Auseinandersetzungen zwischen Dänen-Norwegern und Schweden.** Der dänischen Marine unter Führung des Vizeadmirals Peder Tordenskjold stand 1719 auf dem Weg nach Göteborg, nach Einnahme der nördlich gelegenen Burg Marstrand, nur noch die Festung Älvsborg im Wege. Um in den Hafen eindringen zu können, musste die Festungsanlage erobert oder zumindest zerstört werden. Die dänischen Angreifer platzierten zu diesem Zweck schwere Kanonen und Mörser auf den benachbarten Inseln und beschossen die schwedischen Verteidiger Nya Älvsborgs sowohl von den neu errichteten Landbatterien als auch mit ihrer Schiffsartillerie. Die Kanonenkugeln hagelten vier Tage und Nächte auf das Bollwerk nieder, aber der schwedische Festungskommandant Lillie lehnte brüsk zwei Kapitulationsaufforderungen Tordenskjolds ab, obwohl die Anlage schon deutlich in Mitleidenschaft gezogen war. Als von der nördlichen Flussseite schwedische Kanonen, die in einer Nacht- und Nebelaktion dorthin transportiert worden waren, das Feuer auf die dänische Belagerungsflotte eröffneten, zog diese sich aus dem Schussbereich zurück und wich auf das offene Meer aus. Obwohl die Blockade Göteborgs noch zwei Monate fortgesetzt wurde, scheiterte die dänische Invasion Göteborgs schlussendlich und die Hafenstadt verblieb Teil des schwedischen Reichs.

In Anlehnung an den tapferen Kommandeur Johan Lillie gibt es noch heute eine **Göteborger Redewendung,** die sich auf die Ereignisse vom Sommer 1719 bezieht: „Die Dänen pflücken keine schwedischen Lilien." Seinem dänischen Pendant Vizeadmiral Tordenskjold erging es schlechter: Bei einem Duell mit einem schwedischen Offizier nur ein Jahr später – es ging um den Vorwurf des Betrugs beim Kartenspiel – zog er in der Nähe von Hildesheim den Kürzeren. Immerhin ist noch heute eine dänische Streichholzmarke nach dem Seehelden benannt.

Auf der Festungsinsel, die 1869 als militärische Anlage in den Ruhestand versetzt wurde, gibt es heute eine **Vielzahl an Aktivitäten** für die Besucher: Man kann eine Schatzsuche machen, die Kletterhöhle entdecken oder sein Können beim Bogenschießen testen. Aber auch Theaterspiele und historische Aufführungen finden hier im Juli und August statt, am besten vorher auf der Website informieren (auch auf Deutsch). Und wer sich mal vom „Besichtigungsstress" erholen möchte, findet im „Kommendantens Bistro" sicherlich feste und flüssige Nahrung (geöffnet tägl. 11–16.30 Uhr).

- **Anreise:** Entweder man reist mit einem Schiff der Reederei Strömma (www.stromma.com) ab Lilla Bommen an (30 Min. Fahrzeit) oder mit K-Sea (www.k-sea.se) ab Långedrag (mit der Tramlinie 11 bis Haltestelle Långedrag, von dort 7 Min. Bootsfahrt zur Insel). Die Schiffe beider Reedereien verkehren nur im Sommer.
- **Umfassende Infos** zu Programmangeboten und Besichtigungen findet man unter www.älvsborgsfästning.se.

26 Göteborger Schärengarten ★★★

„... überspült von den aufschäumenden Wellen liegt ein Perlenband von Inseln – Styrsö und Donsö und Känsö und Brännö. Ich liebe Euch ...", so lyrisch beschrieb **Lasse Dahlquist** seine Heimat. Der Komponist, Sänger, Schauspieler und Poet verbrachte den Großteil seines Lebens auf der Schäreninsel Brännö. Dort verstarb er auch 1979 und liegt nun auf dem Kirchenfriedhof seiner Heimatinsel begraben.

Wer mal ein wenig raus will aus der Großstadt und die **raue Schönheit der**

038gb Abb.: ld

Atemberaubend schön: der Göteborger Schärengarten 26

schwedischen Westküste erleben möchte, der sollte sich den Göteborger Schärengarten keinesfalls entgehen lassen. Mit einem normalen Fahrschein und der Staßenbahnlinie 11 lässt sich eine solche Tour problemlos organisieren. Mit einem Einzelfahrschein von Västtrafik kostet die Straßenbahn inklusive (!) der Fähre nur 36 Skr. Es dauert mit der Tram von der Innenstadt aus nur ca. 35 Minuten und schon weht einem am Anleger in Saltholmen der frische Nordseewind um die Nase. Oder man nimmt den flotten Ö-Snabben-Bus Nr. 114 (Nils Ericson Terminal – Saltholmen, Fahrzeit ca. 25 Minuten). **Saltholmen** ist der perfekte Ausgangspunkt und Sprungbrett für die Fährüberfahrten zu den vorgelagerten Inseln des südlichen Schärengartens, die ausnahmslos autofrei sind. (Es gibt auch einen „nördlichen", der touristisch weniger erschlossen und mit Öffis nur aufwendig erreichbar ist; wenn die Göteborger von „Schärengarten" sprechen, meinen sie daher in der Regel den „südlichen Schärengarten".)

Am Anleger in Saltholmen erhält man kostenlos einen **Fahrplan inkl. hilfreicher Übersichtskarte**.

Fährverkehr im südlichen Schärengarten

Dreh- und Angelpunkt aller Ausflüge in den südlichen Schärengarten ist der **Anleger in Saltholmen**, der am einfachsten mit der Straßenbahnlinie 11 ab Göteborg-Innenstadt erreichbar ist. Es existieren auch direkte Bootsverbindungen vom „Stenpiren", dem großen Anleger am Göta älv, und von Lindholmen in den Schärengarten, die in den Wintermonaten jedoch nur selten angeboten werden. Im Auftrag des Nahverkehrsunternehmens „Västtrafik" verkehren sechs Fähren der Reederei „Styrsöbolaget" im gesamten Archipel. Die Abfahrtszeiten der Boote sind zumeist abgestimmt auf die Ankunftszeiten der Straßenbahnen und von der Haltestelle zum Pier sind es nur wenige Meter. Unter **www.styrsobolaget.se** findet man Fahrpläne, weitergehende Informationen rund um den Fährverkehr und kurze Inselbeschreibungen sowie Tipps.

Asperö

Die Insel Asperö liegt nur ca. 15 Fährminuten vom Anleger in Saltholmen entfernt und ist somit **am**

schnellsten von allen Inseln zu erreichen. Auf der sehr übersichtlichen Insel – sie ist nur 0,33 km² klein – leben das ganze Jahr über ca. 400 Menschen. Runde, der Insel vorgelagerte Klippen laden im Sommer zum Sonnen und Baden ein. Die Siedlung und der Fähranleger „Asperö Norra" befinden sich im Nordwesten des Eilands. Zur Proviantierung z. B. für eine geplante Inselumrundung gibt es den **Kaufmannsladen Affären på Asperö,** der täglich geöffnet ist: Mo.–Fr. 11–18, Sa., So. 10–14 Uhr. Ein ausgezeichneter **Badeplatz,** der per Fußweg gut zu erreichen ist, befindet sich an der nordöstlichen Seite der Insel: Kvistevik.

Brännö

Fast in Steinwurfweite von Asperö liegt die größere Nachbarinsel Brännö mit ihren ca. 800 Einwohnern. Hier gibt es sogar **zwei Anlegestellen,** die regelmäßig angesteuert werden: Rödsten, an der östlichen Seite gelegen (und besser frequentiert), sowie Husvik im Westen. Die zwei Kais verbindet ein ca. 2 km langer, asphaltierter Weg, der mitten durch den Ort und am Lebensmittelladen vorbeiführt (Brännö Handel, im Sommer: Mo.–Fr. 10–12 und 14–18.30, Sa., So. 10–14 Uhr, im Winter kürzer). Am gleichen Weg finden hungrige und durstige Besucher auch das **Brännö Värdshus:** Zu empfehlen sind, wie kaum anders zu erwarten, Fischgerichte und ein *Brännöl* (Brännöbier). Die Öffnungszeiten wechseln saisonal (im Sommer jedoch tägl. geöffnet), sind aber unter Tel. 031 970478 oder auf http://brannovardshus.se in Erfahrung zu bringen. Für spontane Übernachtungen oder bei verpassten Fähren empfiehlt sich die Pension Bagge (Tel. 031 973880) im Zentrum, die ebenfalls vom Värdshus betrieben wird.

In Brännö, wie auch auf den anderen Inseln des Archipels, sind Briefkästen nicht gleich Briefkästen. Fast jeder Hausbewohner hat einen **individuellen Briefkasten,** der mit viel Liebe und Herzblut gestaltet wurde, vor seinem Haus. Bemalt, beklebt oder sonstwie kunstvoll gestaltet sind die Postboxen zumeist mit maritimen Motiven versehen und auf jeden Fall eine tolle Fotoserie wert.

Zum Baden empfiehlt sich die Badebucht „Gröna Vik", die sich ca. einen Kilometer nördlich des Anlegers Rödsten befindet; 500 m südlich des Husvik-Piers kann man ruhig und einsam in der Ramsdal-Bucht das kühle Nass genießen. Und einen ausgezeichneten Rundumblick über Brännö und den südlichen Schären-

MEIN TIPP

Café Brännö Varv

Für den kleinen und großen Hunger ist das Café Brännö Varv ein absoluter Volltreffer. Mit einer **urigen Holzterrasse** und unverstelltem Blick auf die Schärenwelt werden die Besucher angelockt und bleiben dann gerne. Neben Kaffee und Kuchen werden belegte Brote, Salate und Tacos serviert. Vom Anleger Rödsten dem Weg Richtung Ortszentrum folgen, nach wenigen Minuten dem blauen Schild „Loppis" nach links folgen. Nun nicht vom chaotischen Drumherum der alten Werft verwirren lassen, mitten hindurchgehen und nach 100 bis 150 m steht man vor dem Café Brännö Varv.

4 **Café Brännö Varv,** Brännö, im Sommer tägl. 11 Uhr bis spät (abhängig vom Wetter, im Frühling/Herbst nur am Wochenende), Tel. 0736 527813, http://brannovarv.se

Insel der Infizierten, Kranken und Isolierten: Känsö

Hafenstädte wie Göteborg waren in der Vergangenheit **Haupteinfallstore für ansteckende Krankheiten,** Seuchen und Epidemien. Um diese Gefahr zu eliminieren, dachten sich die Verantwortlichen über die Jahre Mechanismen und Verfahrensweisen aus. So befand sich auf der kleinen, im südwestlichen Schärengarten gelegenen Insel Känsö seit 1771 eine medizinische Quarantänestation.

Schiffe aus Seuchen- oder Gefahrengebieten (welche als solche von entsprechenden staatlichen Stellen in Schweden klassifiziert wurden) näherten sich Känsö mit der **gehissten schwarzen Quarantäneflagge,** oft begleitet von einem Lotsen, der jedoch im eigenen Boot segelte, um jeglichen Kontakt zu vermeiden. Mithilfe einer langen Stange wurden den Verantwortlichen die Schiffspapiere überreicht. Die Papiere wurden in Essig getränkt, in einer Blechdose deponiert und an Land gebracht. Dort öffnete ein Beamter mit Wachshandschuhen und Zange die Dose, räucherte (!) die Dokumente ausgiebig und erst dann wurde sich mit dem Inhalt auseinandergesetzt. Je nach Urteil der Expertenkommission mussten die Schiffe bis zu 40 Tage vor Känsö vor Anker gehen. Teilweise mussten sogar die geladenen Waren auf der Insel zwischengelagert und ebenfalls geräuchert werden. Aber auch die Besatzungen mussten 40 Tage ausharren, bevor sie die letzten Meter bis in den Göta älv zurücklegen durften.

Genau vor der Felsküste der Insel wurden zu diesem Zweck vier Gebäude jeweils auf einer **künstlich aufgeschütteten Insel,** komplett voneinander isoliert, errichtet: zwei Lagergebäude, eine Peststation und ein allgemeines Seuchenkrankenhaus. Aus medizinhistorischer Sicht von besonderem Interesse dürfte das Parloir-Gebäude sein, das bis heute unverändert und im historischen Originalzustand die Zeitläufe überlebt hat. Im Haus konnten sich auf Känsö Isolierte mit möglichen Besuchern oder dem Personal der Quarantänestation treffen. Der Gesprächsraum war durch ein massives Gitter und eine durchgehende Rinne baulich getrennt. In der Rinne wurde kontinuierlich Schwefel verbrannt, da der beißende Qualm die Ausbreitung der ansteckenden Krankheitserreger verhindern sollte. Gegenstände, die Isolierte und Besucher miteinander ausgetauscht hatten, wurden vor Übergabe den Schwefelschwaden ausgesetzt, um sie zu desinfizieren.

Kapitänen und deren möglichen Handelspartnern im Göteborger Hafen, die versuchten, das obige Prozedere zu umgehen, drohten rigorose Strafen: Todesstrafe für die direkt Involvierten und zusätzliches Verbrennen der kompletten Ladung und des Schiffes, damit auch die Schiffseigentümer in fremden Ländern bestraft werden konnten. Das schwedische Militär übernahm die Insel im Jahr **1935** und besiegelte damit de facto **das Ende der Känsö-Quarantänestation.**

Auch heute noch steht die Insel unter dem Kommando der schwedischen Marine und Zivilisten dürfen sie nur mit Sondergenehmigung besuchen. Und obwohl nach einem Gerichtsurteil von 2010 den Bewohnern der Nachbarinsel Brännö ein Nutzungsrecht zusteht, gibt die Armee die Kontrolle nicht ab. Im Kontext des russischen Überfalls auf die Ukraine rüstet auch Schweden auf und eine Öffnung der Insel für zivile Zwecke erscheint sehr unrealistisch.

garten hat man auf einem Hügel vom Aussichtspunkt „Lotsutkiken", der von einer kleinen Holzhütte mit obligatorischem Fahnenmast gekrönt wird (von Rödsten aus kommend auf der Anhöhe rechter Hand, Dunderstigen 3).

Vargö

Einen Ausflug in die **weitestgehend unberührte und karge Natur** macht man auf der etwas abgelegeneren Insel Vargö. Richtung Westen blickend sieht man hier nur noch das offene Meer des Kattegat. Seit 1986 ist die Insel ein Naturreservat. Sie kann jedoch problemlos ohne Anmeldung besucht werden, wobei zelten, offenes Feuer oder nicht angeleinte Hunde verboten sind. Da es auf der Insel keine Einkaufsmöglichkeit gibt, sollte man sich vorher großzügig mit Nahrungsmitteln eindecken.

Hobbyangler und Badefreunde kommen auf Vargö auf ihre Kosten. Besonders Letzere werden an einem der wenigen sandigen Abschnitte des Archipels ihre Freude haben. Der geschütze Sandstrand „Bälvik" liegt im Süden der Insel, nur ca. 500 m vom Anleger auf der Nordseite entfernt. Bei Anreise außerhalb der sommerlichen Hauptsaison ist es sehr wichtig, der Fährbesatzung bei der Abfahrt in Saltholmen mitzuteilen, dass man nach Vargö reisen möchte, da die Insel nicht regelmäßig angesteuert wird (Fahrzeit je nach Route, mind. 40 Min.). Gleiches gilt für die Rückfahrt (außerhalb der Hauptsaison), die mindestens 30 Min. vor möglicher Fährankunft unter Tel. 0705 696471 oder beim Büro der Fährgesellschaft „Styrsöbolaget" in Saltholmen unter Tel. 031 297599 angemeldet werden muss.

Auf den Schären gibt es keine privat genutzten Autos

Styrsö

Mit über 1300 Bewohnern **gehört Styrsö zu den großen Inseln** des südlichen Schärengartens. Der Größe angemessen gibt es sogar drei Bootsanleger, die regelmäßig von Fähren angesteuert werden: Bratten (im Nordosten, Fahrzeit ca. 20 Min.), Tången (an der Nordspitze, ca. 30 Min. Fahrzeit) und Skäret (im Südosten, Fahrzeit ca. 30 Min.). Auf Styrsö kann man ausgezeichnet wandern und die abwechslungsreiche Landschaft genießen. Dabei sollte man den Aussichtspunkt „Stora Rös" in der Mitte der Insel keinesfalls verpassen. Auf dem Hügel befinden sich auch eine Grabanlage aus der Bronzezeit und eine nicht zu übersehende Schifffahrtsmarkierung. Wer Zeit und Muße hat, kann sogar per pedes die Nachbarinsel Donsö besuchen, die über die Brücke „Kråksprånget" erreichbar ist.

Für den Sprung ins kühle Nass bieten sich Uttervik im Nordwesten (Felsen- und Sandstrand) und das nordöstliche Bratten in der Nähe des gleichnamigen Piers an (kleiner Sandstrand und Badesteg). Da in den Sommermonaten bis zu 4000 Menschen auf der Insel verweilen, ist die **touristische Infrastruktur ausgezeichnet.** Das Angebot reicht von diversen Restaurants und Cafés, einem Friseursalon, einer Postfiliale, einer Blumenhandlung, einer Bibliothek bis hin zu kleinen Supermärkten.

Urige Übernachtungsmöglichkeiten findet man hier:

- **5 Guesthouse Styrsö Tången** €€€€, Tel. 073 5038290, https://guesthouse-styrso.se. Ferienwohnung mit Platz für bis zu sechs Personen (inkl. Frühstück).
- **6 Styrsö Bed & Kitchen** €€, im Inselzentrum, www.styrsorum.se, Tel. 0700 809980. Preisgünstig und gemütlich.

Donsö

Der **ökonomische Kraftprotz der Region** ist zweifelsohne Donsö. Die Insel dient 12 lokalen Reedereien mit insgesamt ca. 40 Schiffen als Zentrale und Heimat. Oft sind die auf Donsö registrierten Schiffe so groß, dass sie den Hafen und Anleger im Westen der Insel gar nicht anlaufen können. Zusätzlich sind acht moderne Fischtrawler sowie ca. 50 Fischereiboote auf Donsö gemeldet. Bei dieser regelrechten Schiffsarmada wundert es kaum, dass der Hafen von Donsö bei Freizeitkapitänen mit ihren Segel- und Motorbooten sehr populär ist. Für Besucher ist somit gesorgt und in Hafennähe findet man eine Pizzeria, eine Grillbude, ein Café, einen Supermarkt und sogar eine Bowlingbahn. Direkt am Hafen liegt zudem der Fiskeboa Donsö, ein rustikaler Holzschuppen, in dem frischer Fisch und Meeresfrüchte teilweise genussfertig angeboten werden.

Abseits des Hafentrubels zeigt sich Donsö auch von seiner ruhigen, naturnahen Seite. Im Südosten kann man von Torholmen aus einem **ausgeschilderten Naturwanderpfad** (schwed. *Naturstig*) folgen und vom Aussichtspunkt „Donsö Huvud" den Blick übers Meer genießen. Folgt man dem Küstenweg Richtung Norden, kommt man nach ca. 1,2 km nach Lökholmen, dem schönsten Badeplatz der Insel. Wer nun noch nicht genug gesehen hat,

MEIN TIPP

Wohnen im eigenen Haus

Ein ganz besonderes Erlebnis ist ein längerer Aufenthalt auf einer der Schäreninseln, sodass man **abends nicht zurück in die Stadt** reisen muss, sondern ganz unabhängig vom Fährfahrplan seinen Tag verbringen kann.
Neben den genannten Herbergen und Unterkünften gibt es noch eine ganz spezielle Art der Schären-Logis: Man mietet sich einfach ein komplettes Haus – vielleicht sogar mit unverstelltem Seeblick – und wird für einige Tage (oder Wochen) Hausherr mitten in der Nordsee! Attraktive Angebote mit den entsprechenden Preisvorstellungen der Vermieter findet man unter: www.stugknuten.com.

der kann über die Brücke „Kråksprånget" zur Nachbarinsel Styrsö hinübergehen und dann von dort die Fähre zurück nach Saltholmen nehmen.

7 **Fiskeboa Donsö** €€-€€€, direkt am Hafen, Tel. 076 0085153, www.fiskeboa-vrango.se – Menü: Mer från oss – Fiskeboa Donsö - Göteborgs skärgård, Di. 9.30–16, Mi.–Fr. 9.30–18, Sa. 11–14 Uhr

Vrångö

Die südlichste noch von den regulären Saltholmen-Fähren angelaufene Schäreninsel ist **Vrångö.** Die Fähre benötigt ca. 45 bis 60 Minuten (die seltenen Direktfähren im Sommer jedoch nur ca. 20 Minuten). Selbst für diese doch relativ lange Strecke – also vom Göteborger Stadtzentrum bis in den Südzipfel des Archipels – betragen die Fahrtkosten für Tram und Fähre nur 36 Skr.

Die knapp 400 Bewohner Vrångös haben sich auf einem Querstreifen in der Mitte der länglichen Insel niedergelassen. Im Osten befindet sich der Fähranleger „Mittvik", während sich die Hauptsiedlung im Westen am Fischereihafen befindet. Der Fußweg zur Querung der Insel vom Fährkai zum Hafen, der zu einem Jachthafen erweitert wurde, ist gerade einmal einen Kilometer lang.

Wer den südlichen Teil der Insel – ein **Naturreservat** – erkunden möchte, biegt vom Anleger aus kommend an der ersten Weggabelung in den Nötholmsvägen links ab. Nach wenigen Hundert Metern erreicht man die sandige Badebucht „Nötholms Vik", die gut für Kinder geeignet ist und wo es auch eine einfache Toilettenanlage gibt. Dem markierten Pfad folgend spaziert man anschließend durch das idyllische Naturreservat (Beschilderung nach „Kungssund") und kann einen unverstellten Blick auf die offene See genießen. Hält man sich dann gen Norden, kommt man automatisch in das Örtchen Vrångö mit Fischereihafen und Gastroangeboten: Das Restaurant Hamnkrogen Lotsen/Fiskeboa an der Südseite des Hafens bietet, wie der Name schon erraten lässt, Meeresfrüchte auf vielerlei Art an.

8 **Hamnkrogen Lotsen/Fiskeboa** €€-€€€, Kattholmsvägen 31, Vrångö, Tel. 0709369906, www.fiskeboa-vrango.se, im Sommer tägl., in der Nebensaison Do. 10–16, Fr., Sa. 10–18, So. 11–16.30 Uhr

9 **Supermarkt „Tempo Vrångö"**, direkt am Hafen, Tel. 076 0200952, www.tempo.se – Butiker & Öppettider – Suche nach „Vrångö", Mo.–Fr. 9–18, Sa., So. 9–14 Uhr. Mit Postservice und Mini-Apotheke.

10 **Ternan Restaurang & Glassbar**, Mittviksvägen 4, Tel. 076 9281563, www.ternan.se, Mitte März–Okt. Fr.–So. 10–17 Uhr. Ganz in der Nähe des Anlegers befindet sich das Café mit seiner großen Außenterrasse.

27 Gunnebo Slott (Schloss Gunnebo) ★★

Der Terminus „Sommerhaus" bekommt eine gänzlich neue Bedeutung, wenn man beeindruckt vor dem Schloss Gunnebo steht. Einer der reichsten Männer seiner Zeit hatte sich das imposante Anwesen als reine Sommerresidenz bauen lassen.

Im Gegensatz zu den kontinentalen Gegenstücken seiner Zeit – Gunnebo wurde in seiner jetzigen Form 1796 fertiggestellt – war das Hauptbaumaterial des Schlosses Holz und nicht Stein. Nach dem damals gängigen Sprachgebrauch wurde das Bauwerk als Schloss tituliert, wobei man es heute wohl eher als Herrschaftshaus oder -sitz bezeichnen würde. Besonders empfehlenswert sind die geführten Schlosstouren. Das prachtvolle Interieur bekommt man nämlich nur im Rahmen von **45-minütigen Rundgängen** zu sehen und sollte man keinesfalls verpassen.

Errichtet wurde das Haus von John Hall (dem Älteren), der im internationalen Handel im Rahmen der schwedischen Ostindienkompanie und mit dem Export schwedischer Eisenerze ein gigantisches Vermögen gemacht hatte. Sein Sohn John Hall (der Jüngere) hatte jedoch nicht das kaufmännische Geschick seines Vaters geerbt. Nur 25 Jahre nach dessen Tod war das gigantische Vermögen pulverisiert und John Hall starb verarmt in Stockholm. Nach diversen Eignerwechseln ist **Gunnebo Slott seit 1949 in Besitz der Stadt Mölndal,** die seitdem für Instandhaltung und Betrieb des Anwesens verantwortlich zeichnet.

Neben dem Gunnebo Haupthaus ist auf jeden Fall ein Spaziergang durch den sehr gepflegten Schlosspark zu empfehlen, der Besuchern das ganze Jahr über offensteht. In dem vormaligen Bedienstetenhaus logiert heute ein nettes Café, in dem unter anderem **selbst gebackene Kuchenkreationen** feilgeboten werden (Juni–Aug. tägl. 11–17, sonstige Zeit tägl. 11–16 Uhr).

› **Anreise:** schnellste Verbindung ab „Brunnsparken" (im Zentrum): Bus 18 bis „Heden", dort umsteigen in die Buslinie 753 bis Haltestelle „Gunnebo Park" (Gesamtfahrzeit ca. 30 Min., Fahrpreis 36 Skr.), von dort ca. 900 m Fußweg

› Christina Halls väg, 43136 Mölndal, Tel. 031 3341600, https://gunneboslott.se, Eintritt: Erwachsene 175 Skr, Kinder bis 15 Jahren frei, geführte Schlosstouren in der Periode Mitte Juni–Aug. tägl. um 12, 13 (auf Englisch) und 14 Uhr, in der sonstigen Zeit nur am Wochenende Führungen

28 Marstrand ★★

Wer sehen möchte, wie aus einer ärmlichen Heringsfischersiedlung ein mondäner Ort wurde, in dem sich die internationale Segel-High-Society mit Champagner zuprostet und in dem auch schon mal ein gekröntes Haupt seinen royalen Leib mit Nordseewasser benetzt, ja, der ist in Marstrand genau richtig!

Eine Fähre verbindet die Insel Koö mit der Hauptinsel Marstrandsö

040gb Abb.: ld

Neben den oberen Zehntausend bevölkern im Sommer – also keine Sorge – auch viele Zehntausend normale Touristen den wirklich schönen Badeort ca. 50 Kilometer nördlich von Göteborg. Der **mittelalterliche Stadtgrundriss und die schönen Holzhäuser** im Stil der Bäderarchitektur sind einfach gelungen und machen den Besuch von Marstrand unvergesslich.

Gegen Ende des 13. Jahrhunderts wurde die Siedlung mit dem geschützten Naturhafen erstmalig urkundlich erwähnt. Schon damals lebten die Bewohner von den **großen Heringsschwärmen,** die vor der Küste Marstrands die See so zahlreich bevölkerten. Auf dem Stadtwappen umkreisen heute noch drei kräftige Heringe einen zentralen Stern. Die erste historisch belegte und ausgesprochen erfolgreiche Heringsperiode dauerte über 30 Jahre von 1556 bis 1589 und machte Marstrand zu einer der wohlhabendsten Städte des Landes. Die Fische und verwandte Produkte wurden nach ganz Europa exportiert. Der Fischfang schuf Arbeitsplätze und Menschen aus dem ganzen Norden zog es in **Goldgräberstimmung** in die Fischermetropole, die in dieser Zeit – inklusive des Umlandes – auf geschätzte 15.000 Einwohner anwuchs, ungefähr das Zehnfache der heutigen Bewohnerzahl.

Doch analog zum Aufkommen bzw. dem völligen Verschwinden der großen Heringsschwärme entwickelte sich das Leben in Marstrand. Einer Achterbahnfahrt gleich pendelte der Fischerort **über Jahrhunderte zwischen ausuferndem Reichtum und extremer Armut.** Zwischen 1754 und 1809 schwamm Marstrand wieder ganz oben auf der Heringswelle und die Länge und Intensität des ökonomischen Aufschwungs war atemberaubend. Wieder zog es Tausende an die Küste, um am ausbrechenden Wohlstand zu partizipieren. Der Fischfang beflügelte auch andere Wirtschaftszweige wie z. B. die Salzereien zur Konservierung der Heringe oder die Trankochereien, deren Zahl in der Region um Marstrand auf über 500 anwuchs. Auf der Hauptinsel Marstrandsö buhlten viele Kneipen, Wirthäuser und Bordelle um die Gunst der Fischereiarbeiter.

Die Stadtverwaltung errichtete – man war die ständigen Brände und sich anschließenden Aufbauarbeiten leid – ein teures Rathaus aus Stein, das erste Nicht-Holz-Gebäude der Stadt. Auch der Handel jenseits der Fischprodukte gewann ab 1775 an Bedeutung. Gustav III. ernannte Marstrand zum **„Porto Franco“,** zum Freihafen mit allen Privilegien. Steuerfreiheit, freier und unbegrenzter Zuzug selbst für gesuchte Verbrecher, wenn sie bei Anmeldung ihre Vergehen offen gestanden, und absolute Religionsfreiheit, die man im schwedischen Reich so nicht kannte. In Marstrand wurde die erste Synago-

Mein Tipp

Marstrand vom Wasser aus ...

Eine echte Alternative zu den gängigen Erkundungswegen Marstrands ist eine **Tour mit dem Seekajak.** Mit eigener Muskelkraft und nur wenige Zentimeter über der Wasseroberfläche ist das ein Ausflug der besonderen Art. Bei Marstrands Kajaker, im Fischereihafen auf Koö gelegen, kann man Seekajaks tageweise ausleihen.

- **11 Marstrands Kajaker,** Södra Strandgatan 31, 44266 Marstrand, Tel. 0303 60742, www.marstrandskajaker.se, tägl. 9–18 Uhr, Preise ab 360 Skr (Einer) und 420 Skr (Zweier) pro Tag

042gb Abb.: ld

ge Skandinaviens gebaut. Der Status eines Freihafens wurde jedoch bereits 1794 aufgehoben, da die Krone an den erzielten Gewinnen zu wenig partizipierte, der Schmuggel dem regulären (und somit steuerpflichtigen) Handel den Rang abzulaufen drohte und auch den Regierungsbeamten die Anzahl an finsteren Gestalten zu groß wurde. Als kurz darauf auch die Heringsschwärme in den Weiten des Atlantiks verschwanden, war das reiche Marstrand wieder Geschichte – *Bonjour tristesse!*

Um zu überleben musste man nach neuen Einkommensquellen suchen. Der Erfolg des 1843 eingeweihten Warmbadehauses, das Gebäude hatte zuvor eine Salzerei beherbergt, wies den Weg Richtung **„Seebad"**. Das parallel eröffnete Societetshus, in dem sich die Gäste zum Gespräch oder Getränk treffen konnten, stellte den neuen gesellschaftlichen Treffpunkt für die Badegäste dar. Blaublütige Unterstützung erfuhr Marstrand erstmals 1887. Schwedens König Oscar II. legte mit seiner royalen Jacht „Drott" im Hafen an. Das sollte sich von nun an die nächsten zwei Dekaden alljährlich wiederholen. Marstrand gewann enorm an Renommee. Die königlichen Feste, Empfänge und Konzerte zogen die Prominenz aus dem ganzen Land magnetisch an. Oscar II. ging mit besonderer Vorliebe in das neue Warmbadehaus. Nach seinen Badegängen verdienten sich die Badedamen ein besonderes Zubrot: Das royale Badewasser wurde in Flaschen gefüllt und meistbietend verkauft.

Eine Bootsfahrt rund um das sommerliche Marstrand ist traumhaft

Carlstens Fästning

Seit mehr als 300 Jahren thront die **imposante Festung** „Carlsten" über Marstrand. War sie anfangs noch ein notwendiges Bollwerk gegen das expansive dänische Königreich, wurde die Festung über die Jahre hinweg mehr und mehr zum Wahrzeichen der Stadt. Die letzten Militäreinheiten verließen den Burgberg 1991 nach dem Ende des Kalten Krieges. Heute ist die Anlage Museum, Konferenzzentrum, Veranstaltungslokalität und Hotel. Dabei nächtigt man in den ehemaligen Soldatenunterkünften. Besonders empfehlenswert ist die weitreichende Rundumsicht vom Burgturm, der sich 96 m über den Meeresspiegel erhebt.

› direkt auf dem Inselhügel, Tel. 0303 61167, www.carlsten.se, Eintritt: Erwachsene 115 Skr, Kinder (6–15 Jahre) 55 Skr, Juni–Aug. tägl. 11–17 (teils bis 18.30), April/Mai und Sept. nur Sa., So. 11–15 Uhr (Okt.–März geschlossen)

Anfahrt und Infos

Die Ortschaft Marstrand liegt auf den **Inseln Koön und Marstrandsö**, wovon die erste über eine Brücke mit dem Festland verbunden ist. Das eigentliche Zentrum liegt auf Marstrandsö, das über einen regelmäßigen Fährverkehr (alle 15 Min.) hervorragend angebunden ist (Preis: 34 Skr für die einfache Fahrt, Dauer ca. 3 Min.). Vom Nils Ericson Terminal, der direkt neben dem Göteborger Hauptbahnhof liegt, fährt der Bus MEXP direkt bis zum Anleger „Marstrand färjeläge" (Fahrzeit 60 Min., Preis: einfache Fahrt 72 Skr).

› Im Ort selber erhält man in einigen Geschäften und Restaurants einen Stadtplan und eine Übersichtskarte. Die Insel ist aber so übersichtlich, dass man sich auch ohne diese Hilfsmittel kaum verlaufen kann.

Gastronomie in Marstrand

Im Folgenden einige kulinarische Tipps für Marstrand:

12 **Bergs Konditori**, Hamngatan 9 (ca. 300 Meter rechts vom Anleger), Tel. 0303 60096, www.bergskonditori.com, im Sommer tägl. 7–19 Uhr, sonst nur an den Wochenenden geöffnet. Traditionsreiches Café mit weißer Bestuhlung und Beschirmung: Ausprobieren sollte man das Seglerfrühstück.

13 **Bröderna Arvidsons Fisk** €€, Hamngatan 22 (direkt am Kai), Tel. 0303 60040, im Sommer Mo.–Do. 10–21, Fr., Sa. 10–nachts, So. 10–17 Uhr. Solide Imbissbude mit dem Klassiker: Fish and Chips mit Remoulade. Es gibt auch Eis, Süßigkeiten und Getränke.

14 **Lasse Majas Krog** €€€, Hamngatan 31 (direkt am Fähranleger auf Marstrandsö), www.lassemajaskrog.se, Tel. 0303 61122, Juni–Sept. tägl. 12–24 Uhr, im Frühling u. Herbst nur Fr.–So. Ein Restaurant der mittleren Preisklasse mit internationaler Küche, aber auch lokalen Meeresspezialitäten. Eine gemütliche Terrasse mit Blick auf die Hafenpromenade lädt zum längeren Verweilen ein.

15 **Restaurang Storm** €€€, Hamngatan 33, in der Villa Maritime gelegen, www.villamaritime.se, Tel. 0303 61025. Restaurant und Bar/Lounge mit urigem Kamin und Bestellung à la carte. Im Sommer auch Veranda mit Blick auf den Jachthafen.

MEIN TIPP

Inselwanderung

Ein Naturerlebnis erster Güte gibt es auf **Marstrandsö** ganz kostenfrei: eine Inselrundwanderung auf dem befestigten Weg am Meer. Man kann sich nicht verlaufen, da der Weg deutlich markiert ist und immer am Wasser entlangführt. Am norwestlichsten Punkt der Insel lädt der Minileuchtturm „Skallens fyr" zur Picknickpause (vorher einkaufen nicht vergessen!) und zum Seele-baumeln-Lassen mit **Traumausblick** ein. Der Rundweg ist ca. 5 km lang und führt an einigen natürlich pittoresken Felsbuchten vorbei, die im Sommer zum Baden einladen ... einfach schön.

004gb Abb.: ld

Göteborg für Kunst- und Museumsfreunde

Museen

16 **Aeroseum,** Säve Depå, Nya Bergets väg 50, Buslinie 35 ab Hjalmar Brantingplatsen bis Haltestelle Granhäll, von dort 5 Min. Fußweg, Tel. 031 558300, www.aeroseum.se, im Sommer tägl. 11–18 Uhr, Sept.–Mai Di.–So. 11–18 Uhr, Eintritt: 130 Skr, Kinder (4–16 Jahre) 70 Skr, Familienkarte (2 Erwachsene und 2 Kinder) 330 Skr. Hier kann man den Wahnsinn des Kalten Krieges noch hautnah spüren: 30 m unter der Erde, in den Felsen getrieben, befindet sich in den gigantischen Bunkeranlagen der schwedischen Luftwaffe das faszinierende Luftfahrtmuseum. Mit einem Schwerpunkt auf dem militärischen Aspekt der Luftfahrtgeschichte bietet das Aeroseum neben Originalflugzeugen auch etwas zum Fühlen, Anfassen und Ausprobieren: So können die Besucher im Cockpit der modernsten schwedischen Jagdflugzeuge Probe sitzen oder in Simulatoren durch die Welt fliegen.

17 [N5] **Elyseum (Energie-Museum),** Västgötagatan 2, Tel. 031 626590, www.goteborgenergi.se/om-oss/vilka-vi-ar/historia/elyseum, Mi. 9.30–14.30 Uhr (15. Juni–15. August geschl.). Die Geschichte der Göteborger Energieversorgung: Von der ersten Dampfmaschine bis hin zu modernen Fernwärmenetzen reicht die Darstellung in dem historischen E-Werk aus dem Jahr 1908, das inzwischen selbst zu einer Sehenswürdigkeit geworden ist.

18 [N6] **Göteborgs Konsthall,** Götaplatsen, https://goteborgskonsthall.se, Tel. 031 3683450, Di., Do. 11–18, Mi. 11–20, Fr.–So. 11–17 Uhr, Eintritt: frei. In einem klassizistischen Bauwerk von 1923 befindet sich die Heimat moderner und zeitgenössischer Kunst in Göteborg. Wechselnde Ausstellungen, bitte im Internet oder telefonisch die aktuellen Informationen einholen.

Vorseite: Pause mit Blick auf die Deutsche Kirche 6 am Großen Hafenkanal

19 [N7] **Göteborgs Konstmuseum,** Götaplatsen, Tel. 031 3683500, https://goteborgskonstmuseum.se, Di., Do. 11–18, Mi. 11–20, Fr.–So. 11–17 Uhr, Eintritt: 70 Skr. (oder mit der ein Jahr gültigen Göteborger Museumskarte, s. S. 48). Im Bereich nordische Kunst ist das Göteborger Kunstmuseum ein weltweit führendes Haus: Ob die Aktbilder von Anders Zorn, die das typisch schwedische Leben skizzierenden Malereien von Carl Larsson oder die stimmungsvollen Bilder P. S. Krøyers – viele nordische Künstler kann man hier bewundern.

5 [K4] **Göteborgs Stadsmuseum.** Im ehemaligen Stammgebäude der schwedischen Ostindienkompanie gelegen, zeichnet das Stadtmuseum die historische Entwicklung der Westküstenmetropole sehr faktenreich und anschaulich nach (s. S. 16).

20 [N6] **Hasselblad Center,** Götaplatsen (im Erdgeschoss des Göteborger Kunstmuseums), Tel. 031 7782150, www.hasselbladfoundation.org, Di., Do. 11–18, Mi. 11–20, Fr.–So. 11–17 Uhr, Eintritt: 70 Skr (oder mit Göteborger Museumskarte, s. S. 48), unter 20 Jahren frei. Die weltberühmten Kameras, sogar bei den Apollomissionen zum Mond waren Hasselblads an Bord, hatten die Göteborger Unternehmerfamilie reich und wohlhabend gemacht. Dank des letzten Willens von Erna und Victor Hasselblad – das Paar hatte keine Nachkommen – wurde im Jahr 1979 die Hasselblad Foundation gegründet. Ein Ausdruck der vielfältigen Aktivitäten der Stiftung ist das Hasselblad Center. Hier kann man die Arbeit der renommiertesten Fotografen bewundern, aber auch jungen Nachwuchstalenten wird die Möglichkeit geboten, sich zu präsentieren. Mehrfach jährlich wechselnde Ausstellungen.

Das Seefahrtsmuseum (s. S. 48) mit dem Gedenkturm für die getöteten schwedischen Seeleute des Ersten Weltkriegs

21 Idrottsmuseet (Sportmuseum), Övre Kaserngården 12 (in den ehemaligen Kviberg Kaseren), Tel. 0709 265980, www.idrottsmuseet.se, Di.–Fr. 10–16, Sa. 10–14 Uhr (den kompletten Juli geschl.), Eintritt: 40 Skr (Kinder unter 12 Jahren frei). Ein ungewöhnliches Museum mit ungewöhnlichen Exponaten aus der Welt des Sports. Ob Ingemar Johanssons Schwergewichtsweltmeistergürtel von 1959 – der Boxer ist noch heute einer der berühmtesten Göteborger – den er dem US-Amerikaner Floyd Patterson in New York abnahm, oder Medaillen diverser Olympischer Spiele oder Sportausrüstungen vergangener Jahrzehnte – alles ist hier aus nächster Nähe zu besichtigen.

3 [K4] **Maritiman.** Schwimmendes Schifffahrtsmuseum, das am Kai fest vertäut ist und zehn Schiffe zählt (s. S. 15).

22 [L4] **Medicinhistoriska Museet (Medizinhistorisches Museum),** Östra Hamngatan 11, Tel. 031 3420530, https://medicinhistoriska.sahlgrenska.se, Di., Mi., Fr. 12–16, Do. 12–20 Uhr, Eintritt: 50 Skr, unter 18 Jahren frei. Unter der Überschrift „Feuer und Blut" präsentiert das Museum eine 400-jährige Reise durch die Göteborger Medizingeschichte.

23 [I8] **Naturhistoriska Museum,** Museivägen 10, Tel. 010 4414400, www.gnm.se, Di.–So. 11–17 Uhr (Do. bis 20 Uhr), Eintritt: 70 Skr, unter 20 Jahren frei. Von präparierten Insekten über ausgestopfte Elefanten und Wale bis hin zu Dinosaurierskeletten reicht das Spektrum im Naturhistorischen Museum im Schlosswald. Über 10 Mio. Tiere kann man bewundern – aktuelle und prähistorische Lebewesen. Dafür reicht ein Nach-

MEIN TIPP

Göteborgs Museen für wenig Geld

Für eingefleischte Museumsfreunde gibt es eine preiswerte Alternative zu Einzeltickets. Die folgenden vier Göteborger Museen bieten für 140 Skr eine gemeinsame Jahreskarte (Museikort) an, die zum Eintritt in alle ihre Räumlichkeiten berechtigt: Göteborgs Konstmuseum, Göteborgs Stadsmuseum 5, Sjöfartsmuseet und Röhsska Museet (beide siehe unten).

mittag wohl kaum aus. Mit angeschlossenem Café und Museumsshop.

24 [M6] **Röhsska Museet,** Vasagatan 37–39, http://rohsska.se, Tel. 031 3683150, Di., Mi. 11–18, Do. 11–20, Fr.–So. 11–17 Uhr, Eintritt: 70 Skr oder mit Göteborger Museumskarte (s. o.). Das burgähnliche Bauwerk im Stadtzentrum beherbergt bereits seit 1916 Schwedens einziges Design- und Kunsthandwerksmuseum. Über 50.000 Exponate flankieren die menschliche Entwicklungsgeschichte vom Fernen Osten des Jahres 2000 v. Chr. bis hin zum Zentraleuropa des 21. Jahrhunderts. Wechselnde Ausstellungen zu Spezialthemen runden dieses interessante Museum ab. Cafeteria und Museumsshop.

25 [G6] **Sjöfartsmuseet Akvariet (Seefahrtsmuseum),** Karl Johansgatan 1–3, Tel. 031 3683550, www.sjofartsmuseet akvariet.se, Di., Mi. 10–18, Do. 10–20, Fr.–So. 10–17 Uhr, Eintritt: 70 Skr (oder mit der ein Jahr gültigen Göteborger Museumskarte, s. o., für einmalig 140 Skr), unter 20 Jahren frei. Das Seefahrtsmuseum teilt sich das Gebäude mit dem Aquarium. Eine Dauerausstellung mit beeindruckenden Schiffsmodellen, dreidimensionale Darstellungen von Seeschlachten der frühen Neuzeit, die schwedische Auswanderung nach Amerika oder das Werftensterben der 1970er/80er-Jahre werden im Museum thematisiert. Das Göteborger Aquarium, das sich im gleichen Gebäude befindet, vermittelt einen guten Eindruck über das Leben in tropischen wie auch heimischen Meeren und ist besonders bei den Kleinen sehr beliebt.

› **Svenska Ostindiska Companiet AB** (s. S. 32). Das Museumsschiff Götheborg ist manchmal noch auf See.

26 [O7] **Världskulturmuseet (Weltkulturmuseum),** Södra Vägen 54, Tel. 010 4561179, www.varldskulturmuseet.se, Di., Do.–So. 11–17, Mi. 11–20 Uhr, Eintritt: 150 Skr (unter 20 Jahren frei). Mit einem frischen und mutigen Ansatz eröffnete das Weltkulturmuseum 2004. Nicht mehr der klassische Bildungsanspruch steht im Vordergrund, sondern eine teils interaktive Präsentation ungewöhnlicher Themen war und ist das Kennzeichen des Weltkulturmuseums. Themen wie Voodoo, Globalisierung oder mexikanischer Totenkult locken inzwischen jährlich über 200.000 Besucher an. Vorträge, Seminare, Aufführungen und Filme runden das abwechslungsreiche Programm ab. Kleine Snacks und warme Gerichte gibt es im Museumsrestaurant „Tabla".

12 [Q8] **World of Volvo.** In einer riesigen Rotunde aus Holz und Glas wird nicht nur die Geschichte des Autoherstellers präsentiert, sondern es finden auch Konzerte, kulinarische Events und andere kulturelle Highlights statt (s. S. 22).

Kunstgalerien

27 [J7] **Galleri Box,** Kastellgatan 10, Tel. 076 0259010, www.galleribox.se, Di.–Fr. 13–17 Uhr, Sa., So. 12–16 Uhr. Jedes Jahr präsentiert die Galleri Box, die zentrumsnah an der Festungsanlage Skanska Kronan liegt, zehn bis zwölf Ausstellungen verschiedender Künstler. Dabei steht moderne und postmoderne Kunst im Fokus.

28 [M6] **Galleri Thomassen,** Götabergsgatan 32, Tel. 031 811992, www.gallerithomassen.se, Di.–Do. 12–18, Fr., Sa. 12–16, So. 12–15 Uhr. Seit über 30 Jahren werden hier, ganz in der Nähe des Hauptgebäudes der Universität 17, die Werke internationaler Künstler präsentiert, wobei der Schwerpunkt auf Kunst nordischer Provenienz liegt.

29 [B9] **Röda Sten Konsthall,** Röda Sten 1, Straßenbahnlinie 3 und 9 bis Haltestelle Vagnhallen Majorna, Unterführung unter der Schnellstraße nutzen und der Beschilderung Richtung „Klippan" folgen oder mit der Hafenfähre „Älvsnabben" bis zur Endhaltestelle „Klippans Färjeläge" fahren, Tel. 031 120816, https://rodastenkonsthall.se, Mi. 12–20, Do., Fr. 12–17, Sa., So. 11–17 Uhr, im Sommer erweiterte Öffnungszeiten, Eintritt: 60 Skr (bis 25 Jahre frei). Von außen sieht das mit viel Graffiti verzierte Hauptgebäude, das genau unter der Älvsborgsbron liegt, auf den ersten Blick fast wie ein Abbruchprojekt aus. Doch der Schein trügt. Im Herbst 2023 war das Kulturzentrum Röda Sten erneut integraler Bestandteil der Göteborger Kunstbiennale und wechselnde Ausstellungen überraschen die Besucher immer wieder. Ein angeschlossenes kleines Restaurant mit Terrasse am Wasser sorgt für das leibliche Wohl.

Kunst im öffentlichen Raum

Wenn man es genau nimmt, begann das Kapitel „Kunst im öffentlichen Raum" in Göteborg – wenn auch sicherlich ungeplant – im Jahr 1854 auf dem Gustav Adolfs Torg 7 mit der Errichtung des Denkmals des schwedischen Königs und Stadtgründers Gustaf Adolf II. Waren es in den folgenden Jahrzehnten zumeist Skulpturen berühmter Persönlichkeiten aus Politik, Wirtschaft und Kultur, so wandelte sich das Bild im Verlauf des 20. Jahrhunderts. Der vom Gleichstellungsgedanken getragene Demokratisierungsprozess verschob den Fokus weg von „Heldendarstellungen" zu mehr allgemein-gesellschaftlichen Themenfeldern.

Die tschechisch-schwedische Künstlerin Ivana Machackova schuf das Granitkunstwerk „Fisk" (dt. Fisch)

078gb Abb.: ld

In Göteborg findet man insgesamt **über 250 öffentliche Kunstwerke,** die diese Entwicklungsgeschichte der letzten 170 Jahre nachzeichnen. Das gesellschaftliche Bewusstsein hierfür ist in Göteborg sehr ausgeprägt: Bei jedem Bauprojekt von städtischer Hand werden qua Erlass 1% des Finanzbedarfs für „künstlerische Ausgestaltung" beiseitegelegt. Ökonomisch flankiert werden die städtischen Kunstanstrengungen von privater Hand, insbesondere vom **Charles Felix Lindberg Fond.** Der Namensgeber des Fonds war ein sehr wohlhabender Geschäftsmann Göteborgs, der der Stadt Göteborg nach seinem Tod im Jahr 1909 sein Vermögen mit der Bedingung vermachte, es ausschließlich „für die Verschönerung der Stadt" einzusetzen.

So verwundert es wenig, dass man auf Schritt und Tritt über Kunst im öffentlichen Raum stolpert – man muss nur die Augen offen halten!

Göteborg für Genießer

Essen und Trinken

Bevor man sich aufmacht, die kulinarischen Höhepunkte und Geheimnisse Göteborgs zu entdecken und zu genießen, sollte man sich einige **Besonderheiten der schwedischen Gastronomie** vor Augen halten.

Dem Reisenden wird wahrscheinlich zuerst die **Fülle an Fast-Food-Ketten und Imbissständen** auffallen. Neben den vertrauten Marken wie McDonald's, Burger King, Kentucky Fried Chicken oder Pizza Hut findet man auch zahlreiche schwedische Vertreter dieser oder ähnlicher Ausrichtung wie zum Beispiel Sybilla oder MAX. Zusätzlich bereichert wird dieses Angebot durch Kebab-Buden, Schnellimbisse *(Gatukök)* oder die schnelle Bauchladenvariante von der Straße. Hier locken vor allem verschiedenste Hotdog-Variationen *(Korv)* den hungrigen Touristen.

KURZ & KNAPP

Evert Taube

Nicht nur im Hafen von Göteborg (s. Foto S. 81), sondern auch an zwei Standorten in Stockholm existieren Denkmäler von Evert Taube. Man findet sein Konterfei sogar auf den 50-Kronen-Banknoten. Wer war der in Schweden scheinbar so berühmte Mann? 1890 in Göteborg als viertes Kind der Seefahrer- und Leuchtturmwächterfamilie Taube geboren, zog es den begabten jungen Mann nach glücklicher Kindheit auf der Schäreninsel Vinga in die feierfreudigen Stockholmer Künstlerkreise. Die Ausschweifungen seines Sohnes kamen dem besorgten Vater zu Ohren und er stellte ihn vor die Wahl, auf ein Internat zu gehen oder Seemann zu werden. Der abenteuerlustige Evert entschied sich für das Meer. Nach einigen Jahren als Matrose begann er ab 1918, als Schriftsteller und Musiker in Schweden zu arbeiten, womit er sehr schnell erfolgreich war. Gut dotierte Schallplattenverträge und lukrative Angebote von Verlagen machten ihn in den frühen 1930er-Jahren zu einem reichen und populären Künstler. Mit dem Aufkommen des Fernsehens kannte ihn bald jedes Kind in Schweden und seine selbst geschriebenen und vorgetragenen Lieder waren an Popularität nicht zu übertreffen – er war und ist der schwedische Volkspoet des 20. Jh. Nach dem Tod Evert Taubes 1976 trat sein Sohn Sven-Bertil in dessen Fußstapfen, indem er das musikalische Werk seines Vaters verwaltete und selbst erfolgreich interpretierte. Sven-Bertil Taube verstarb im Herbst 2022.

Bevorzugt man allerdings eine niveauvollere Art der Nahrungsaufnahme, so hat man die Qual der Wahl: In Göteborg wird man sowohl auf eher schwedisch ausgerichtete Küche als auch auf eine Vielzahl internationaler Restaurants unterschiedlichster Couleur treffen. Auch Speisekarten mit sowohl **schwedischen als auch internationalen Gerichten** sind nicht untypisch. Einfachere Gerichte werden dabei – ähnlich wie bei uns – als *Husmanskost* (Hausmannskost) bezeichnet.

Die Übergänge hinsichtlich der Kategorisierung greifen ineinander: In guten Bars bekommt man auch exzellentes Essen, in anspruchsvollen Restaurants trifft man wie selbstverständlich auf eine gut sortierte Bar und Musik.

Beachtet werden sollte, dass man in einigen Lokalen, vor allem in den gut besuchten Cafés der Innenstadt, von einem freundlichen Kellner **am Eingang empfangen und zum Platz geführt** wird. Schilder im Eingangsbereich mit dem Begriff *Hovmästeren* oder *Bordsplacering* weisen darauf hin.

Trinkgeld ist nicht unüblich, liegt aber natürlich im eigenen Ermessen. Wenn man mit seinem Essen und dem Service zufrieden ist, sind 10 bis 15 Prozent der Rechnung *(räkning)* durchaus angebracht; in Bars reicht aber beispielsweise auch das Aufrunden des Betrags.

Bezüglich der **Öffnungszeiten** sollte man ebenfalls ganz genau hinschauen: Da viele Schweden in der Sommerzeit verreisen oder die langen Tage nutzen, um einen Abstecher in die Natur zu unternehmen, bleiben in den Sommermonaten einige Restaurants komplett geschlossen.

Frischer Fisch im Überfluss: die Fischkirche ⑩ von innen

013gb Abb.: ld

Äußerst bemerkenswert ist zudem, dass die Schweden – trotz oder gerade wegen des Klimas? – Weltmeister im **Eisverzehr** sind. Damit dies auch so bleibt, steht ein Eisgenuss geradezu auf dem Pflichtprogramm. Dabei ist das Softeis vorzüglich und auch das von den Dänen „abgeschaute" *Gammeldags Is* mit den großen Kugeln und den gigantischen Waffeln ist jede einzelne Kalorie wert.

Schwedische Küche

Die schwedische Küche weist interessante **Besonderheiten und Spezialitäten** auf, von denen man als Besucher des Landes zumindest einige probiert haben sollte. Zuallererst fällt einem dabei das *smörgåsbord* (wörtlich: „Butterbrottisch") ein, ein mehr als umfangreiches Büfett, welches mit allerlei kalten und warmen Köstlichkeiten aufwartet. In der Weihnachtszeit steht dann die noch exquisitere Variante, das *julbord,* auf dem Speiseplan. Speziell zur Weihnachtszeit gehören auch *lussekattar* (goldgelbe Safran-Hefe-Teilchen), *pepparkakor* (schwedischer Pfefferkuchen mit Ingwergeschmack), *glögg* (die schwedische Glühweinvariante) sowie *lutfisk* (ein getrockneter und anschließend in einer Lauge eingelegter Meeresfisch) geradezu zum Pflichtprogramm.

Spätestens seit IKEA kennt man auch in Deutschland *köttbullar,* kleine Hackfleischbällchen, die man mit Kartoffelpüree *(mos),* Ketchup oder (süßem) Senf *(senap)* verzehrt. *Pytt i panna* besteht aus gewürfelten Wurst- und Fleischstückchen, Kartoffeln, Zwiebeln und Roter Bete, welches abschließend noch mit einem Spiegelei verfeinert werden kann. Ein anderes **schwedisches Nationalgericht** ist *Janssons frestelse* („Janssons Versuchung"). Inwieweit dies eine wirkliche Versuchung darstellt, mag jeder selbst beurteilen. Der Sahneauflauf lockt letztendlich mit einer Mischung aus Kartoffeln, Zwiebeln und Anchovis.

Bei einem Besuch in Schweden liegt zudem nichts näher, als sich auch einmal an **Elch-** *(älg)* **oder Rentiergerichte** *(ren)* heranzuwagen. Gereicht werden diese Speisen gern mit Kartoffeln *(potatis)* und Preiselbeeren *(lingon).* Mindestens genauso schwedentypisch sind *knäckebröd,* das leckere Knäckebrot, das es hier in allen Variationen zu geben scheint, und *falukorv,* die mehr als rote Fleischwurst, die ihren Namen der Ursprungsstadt Falun zu verdanken hat. Ein *hamburgaretallrik* bezeichnet einen riesigen, kaum zu bewältigenden Hamburger mit Pommes als Beilage, dem mit Messer und Gabel zu Leibe zu rücken ist.

Aufgrund der langen Küstenlinie und der vielen Seen und Flüsse kann Schweden auch mit **zahlreichen hervorragenden Fischspezialitäten** begeistern. *Sill,* der auf unterschiedlichste Art und Weise eingelegte Hering, schmeckt am besten zu Kartoffeln und darf – ebenso wie *räkor* (Krabben) – auf keinem *smörgåsbord* fehlen. Wer *gravad lax* bestellt, wird sich einen gebeizten Lachs auf der Zunge zergehen lassen können. Der eigentlich aus Nordschweden stammende *surströmming* ist eine Heringsspezialität, die allerdings mit Vorsicht zu genießen ist. Vielleicht ist er ja durchaus etwas für Kenner und Genießer, dennoch sei davor gewarnt: Es handelt sich dabei nämlich um fermentierten Hering. An diesem Gericht scheiden sich folglich die Geister. Für die einen ist es schlicht eine Delikatesse, andere verweigern hierbei konsequenterweise die Nahrungsaufnahme (Exkurs: Surströmming – die Kunst der Fermentierung, s. S. 61). Einen wahren Gaumenschmaus stellt hingegen *kräftor* dar, eine Krebsspezialität, die vor allem zu Beginn der Saison im August zusammen mit viel Schnaps verspeist wird.

Kulinarischer Tagesablauf

Der Göteborger beginnt seinen Tag mit dem **frukost**, einem Frühstück. Dafür stehen verschiedene Milchprodukte (z. B. auch *filmjölk,* eine saure Milch, vergleichbar mit Buttermilch), Müsli, Käse, Aufschnitt, Marmeladen, (zumeist süßes Weiß-) Brot, die wunderbar cremigen Joghurts und natürlich Kaffee zur Auswahl. In den Hotels oder Lokalen findet man häufig ein Frühstücksbüfett vor.

Für die meisten Schweden folgt zur Mittagszeit ihre Hauptmahlzeit, der **lunch.** Entweder speist man à la carte und damit etwas teurer oder aber man wählt das in vielen Lokalen angebotene **Dagens Rätt,** ein günstiges Tagesgericht, das aus einer Hauptspeise, Brot, Salat, einem Getränk und Kaffee besteht. Das *dagens rätt* (oder auch *dagens lunch)* kostet 120–140 Skr und wird meist in der Zeit von 11 bis 14 Uhr (manchmal auch bis 16 Uhr) serviert, jedoch an Wochenenden oft nicht angeboten.

Was für die Briten ihre *teatime,* ist für die Schweden ihr **fika.** Gemäß dieser schwedischen Tradition macht man es sich zur Kaffeezeit gemütlich, was durchaus auch mal länger dauern kann. Entweder trinkt man einen guten und starken Kaffee, eine der zahlreichen Kaffeevariationen oder Tee. Der Kaffee in einem Lokal kann schon mal 40–45 Skr kosten, dann ist allerdings auf *påtår* zu achten, was be-

KURZ & KNAPP

Schwedisches Bier – eine Klassengesellschaft

Der Verkauf von Bier ist staatlich lizenziert und wird stark überwacht. Diese Alkoholpolitik führt zu einigen Kuriosa, die man als Nicht-Schwede auf den ersten Blick nicht versteht. So gibt es die meisten in Schweden angebotenen Biere in drei unterschiedlichen Klassen zu kaufen: Klasse I, II oder III! Die **Klasseneinteilung erfolgt hierbei nach dem Alkoholgehalt** des Hopfengetränks. Die Klassen I und II sind noch frei in jedem normalen Supermarkt erhältlich und kommen auf maximal 2,25 Vol % *(lättöl)* respektive 3,5 Vol% *(folköl).* Den Porsche unter den Bieren stellt die Klasse III mit 3,5 Vol % oder mehr dar. Dieses Bier darf sich dann auch *starköl* nennen, wird aber konsequenterweise nur noch in den staatlichen Alkoholläden *Systembolaget* vertrieben (s. S. 67).

092gb Abb.: ld

sagt, dass zumindest eine zweite Tasse nachgeholt werden darf. Eine einzelne Tasse Kaffee kommt natürlich billiger. Dazu isst man Kuchen, Gebäck, Kekse oder auch manchmal ein Sandwich. Das Gebäck in Schweden ist meist süß und gelegentlich sehr farbenfroh. Besonders beliebt ist das aus Dänemark stammende *wienerbröd* (ein Blätterteiggebäck, benannt nach der österreichischen Hauptstadt).

Das Abendessen in Schweden heißt kurioserweise **Middag.** Die Restaurants *(Restaurang, Värdshus* oder *Krog)* können zu dieser Tageszeit, speziell am Wochenende, gut besucht sein. Daher ist es empfehlenswert, einen Tisch im Voraus zu reservieren. Pizzas kosten um die 100 Skr, ein einfaches Gericht – eine preiswerte Speise findet man auf so gut wie jeder Karte – wird man für ca. 150 Skr bestellen können, für ein 3-Gänge-Menü sollte man zwischen 400 und 550 Skr einkalkulieren. Hinzuzurechnen sind dann noch die Preise für die Getränke.

Schwedischer Absolut Vodka – ein hochprozentiger Tropfen in vielen Geschmacksrichtungen

Getränke

Die Übergänge von einem gepflegten Bier oder Wein zum Essen über einen gemütlichen „Absacker“ an der Bar bis hin zum intensiven Nachtleben sind wortwörtlich fließend. Konkrete Empfehlungen für Bars und Kneipen finden sich im entsprechenden Kapitel (s. S. 64). Außerdem sind **einige generelle Informationen** hilfreich:

Wasser ist in Gaststätten kostenlos (Leitungswasser wird teilweise ohne Aufforderung in einer Karaffe auf den Tisch gestellt, ansonsten auf Nachfrage serviert) und andere **alkoholfreie Getränke** kosten um die 30–35 Skr (Cola, Limonade etc.; schwedischer Sammelbegriff: *Läsk).* Für ein Glas Bier (0,4 l, Klasse III) sind ca. 70 Skr einzurechnen. Wein wird auch in Schweden immer beliebter. Ein Glas Wein zum Essen kostet ca. 80 Skr, für eine Flasche muss man ab 300 Skr (und aufwärts!) einkalkulieren.

Freunden des Hochprozentigen ist in Schweden selbstverständlich ein Wodka ans Herz zu legen. Wenn es auch eine kleine Herausforderung für die Urlaubskasse sein kann – ein **Wodka** wird in einer Bar ab 70 Skr kosten –, so führt doch an einem

Absolut oder einem Finlandia (auch wenn dies kein schwedisches Produkt ist) kaum ein Weg vorbei.

Das Mindestalter für den Alkoholausschank beträgt in Schweden 18 Jahre, allerdings machen viele Bars oder Clubs von möglichen Ausnahmeregelungen Gebrauch, das Mindestalter wird dann beispielsweise auf 20 oder 23 Jahre angehoben. Gaststätten mit einer Schanklizenz machen dies durch einen Aushang *Fullständiga Rättigheter* kenntlich.

Restaurantkategorien

Preise für ein Hauptgericht ohne Getränke:

€	bis 110 Skr (ca. 10 €)
€€	110–220 Skr (ca. 10–20 €)
€€€	220–330 Skr (ca. 20–30 €)
€€€€	über 330 Skr (ca. 30 €)

Empfehlenswerte Lokale

Schwedische Küche

30 [M6] **Familjen** €€€, Arkivgatan 7, Tel. 031 207979, www.restaurangfamiljen.se, Mo.–Do. 17–23, Fr., Sa. 17–1 Uhr. Nur wenige Gehminuten von der Avenyn entfernt liegt das Restaurant Familjen, das die schwedische Küche hochleben lässt, ohne dabei das Portemonnaie zu überlasten: Das Spektrum reicht vom liebevoll kredenzten Spargelteller bis hin zum ausgewogenen Dreigängemenü.

31 [O6] **Heaven 23** €€€–€€€€, im Hotel Gothia Towers, Mässans Gata 24, westl. Turm, 23. Etage, www.heaven23.se, Tel. 031 7508805, Mo.–Do. 11.30–24, Fr. 11.30–1, Sa. 12–1, So. 12–24 Uhr. Hier gibt es zwei in einem: einerseits das exquisite Restaurant mit schwedischer wie auch internationaler Küche und andererseits die Bar und Lounge Heaven 23. Von Bar und Restaurant aus hat man einen gleichermaßen brillianten Ausblick aus 70 Metern Höhe auf die Stadt; freitags und samstags legt in der Bar ein DJ auf.

32 [K6] **Hemma hos ...** €€, Haga Nygata 12, www.hemmahoshaga.se, Tel. 031 134090, Mo. 16–22, Di.–Do. 16–23, Fr. 13 bis spät, Sa. 12 bis spät, So. 12–22 Uhr. Hinter den sandfarbenen Baldachinen von *Hemma hos* ... („Zu Hause bei ...") verbirgt sich eine kulinarische Schwedentour im Miniaturformat. Speisen, deren Rezepte aus ganz Schweden zusammengetragen wurden, werden hier serviert. Die Gerichte kann man teilweise auch als halbe Portion bestellen und sich so durch mehrere lokale Köstlichkeiten probieren.

33 [J7] **Karlson's Garage & Bar** €€, Linnégatan 54, Facebook: Karlson's Garage & Bar, Tel. 031 421115, Mo.–Do. 16–24, Fr. 16–1, Sa. 13–1, So. 13–24 Uhr. Rustikales Restaurant, in dem die zumeist schwedischen Gerichte üppig portioniert und sehr schmackhaft sind; in der angegliederten Bar kann man nach dem Essen noch den abendlichen Absacker zu moderaten Preisen genießen.

34 [M5] **Kometen** €€€, Vasagatan 58, www.restaurangkometen.se, Tel. 031 137988, Mo.–Fr. 11.30–23, Sa. 12–23 Uhr (Lunch-Angebote werktägl. 11.30–14.30 Uhr). Auch wenn „Der Komet" in den 1930er-Jahren von einem Österreicher gegründet wurde, so ist die Küche doch durch und durch schwedisch. Besonders Schriftsteller, Künstler und sonstige Kulturschaffende kehren hier gern ein und bestellen sich die üppigen Fisch- und Fleischgerichte.

35 [J7] **Linnéterrassen** €€, Linnégatan 32, Tel. 031 240890, http://linneterrassen.se, Fr. 15–1, Sa. 13–1, So. 13–22 Uhr (Öffnungszeiten können je nach Jahreszeit variieren). Innen besticht die historische Holzvilla Ideborg, in der die Linnéterrassen beheimatet sind, durch absolut gediegenes, fast schon schlossartiges Ambiente. Eindrucksvoll ist auch die ausladende Terrasse, die im ersten Stock einen tollen Überblick über die Linnégatan gewährt. Der Schwerpunkt im Restaurant liegt auf heimischer Küche, neun Fassbiersorten und 65 Weine runden das Angebot ab.

36 [D6] **River** €€-€€€, Dockepiren (Eriksberg), www.riverrestaurant.se, Tel. 031 510000, Di.-Fr. 11.30-14 (Lunch) und Di.-Sa. ab 17 Uhr. Das „River" hat eine 1a-Lage: auf einem Pier im Göta älv gelegen, von (fast) allen Seiten vom Wasser umgeben – da fahren einem die mächtigen Kiel-Fähren fast über den Tisch. Preislich-kulinarisch ein Schnäppchen sind die wechselnden Lunch-Menüs inkl. Salat- und Dessertbüfett!

MEIN TIPP

Frühstück und Brunch

Am Wochenende, besonders nach einer längeren Nacht, wird die erste Nahrungsaufnahme des Tages zeitlich gern mal ein wenig nach hinten verlegt. Dabei darf das Frühstück oder der Brunch auch ruhig deftiger ausfallen. Hier folgen einige Tipps für späte und üppige Frühstücksmöglichkeiten:

› Individuell zusammenstellbar ist das Brunch-Angebot im **Sunshine Café** (s. S. 62), wobei das „Lyx Brunch" in kulinarischer Sicht den Höhepunkt darstellt (tägl. 10-16 Uhr).

› Im **Joe Farelli's** (s. S. 57) wird jeden Sonntag von 12 bis 16 Uhr ein amerikanischer Brunch aufgetischt – für 350 Skr ist man dabei. Der amerikanische Brunch ist eher etwas für Freunde der deftigen Küche, die ihren Kalorienzähler zu Hause gelassen haben: Es gibt u. a. Rührei, Speck und sogar Spare Ribs.

› Einen ebenfalls eher US-amerikanisch gefärbten Brunch erhält man im **Egg & Milk** (s. S. 61). Hier muss der Gast noch selbst aktiv werden, die Bagels persönlich kreieren und den Pfannkuchenaufstrich auswählen – also nichts für morgendlich Unentschlossene.

37 [N6] **SK Mat & Människor** €€€€, Johannebergsgatan 24, Tel. 031 812580, http://skmat.se, Mo.-Sa. 17-24 Uhr. Namensgeber und Betreiber des Restaurants ist der Sternekoch Stefan Karlsson (SK), der dem Namen noch den Zusatz „Essen" *(mat)* und „Menschen" *(människor)* hinzugefügt hat. Neben Gerichten à la carte werden auch 4- und 6-Gänge-Menüs serviert, mit denen sich der Gast einmal durch die Vielfalt der schwedischen Küche schlemmen kann. Außerdem kann man den Küchen-Koryphäen über die Schulter schauen, da sie direkt im Speisesaal ihrer Arbeit nachgehen.

38 [M6] **Tvåkanten** €€€-€€€€, Kungsportsavenyn 27, www.tvakanten.se, Tel. 031 3133336, Mo. 16-23, Di., Mi. 15-23, Do. 11.30-24, Fr. 11.30-1, Sa. 12-1 Uhr. Im nordisch-frischen Ambiente des „Zweiecks" gibt die „moderne schwedische Küche", so die Eigenwerbung, den Ton an. Im Vergleich zu den umliegenden Kneipenrestaurants etwas höherpreisig, dafür aber auch exklusiveres Angebot. Mit ruhiger Bar und sehr abwechslungsreichem *Dagens Lunch* (nur Do.-Sa.).

Internationale Küche

39 [J8] **Bellini** €€-€€€, Nordenskióldsgatan 14, www.restaurangbellini.se, Tel. 031 246124, Mo.-Do. 17-22, Fr. 17-24, Sa. 15-24 und So. 13-22 Uhr. Klassische italienische Küche mit Fleisch, Fisch und einer Vielzahl an unterschiedlichen Pastagerichten, die mit Liebe zum Detail serviert werden. Gutes und reichhaltiges Weinangebot

40 [M6] **Flying Barrel** €€, Kristinelundsgatan 3, www.flyingbarrel.se, Tel. 031 181300, Mo., Di. 16-23, Mi., Do.

16–24, Fr. 16–1, Sa. 13–1, So. ab 13 Uhr. Die Speisekarte ist gut durchmischt und bietet für jeden etwas. Auf zwei Etagen wird in englischem Ambiente gegessen und getrunken, sehr lebendiges Restaurant (oder Kneipe). Live-Sportübertragungen auf mehreren Bildschirmen.

41 [M5] **Joe Farelli's** €€–€€€, Kungsportsavenyn 12, www.joefarelli.com, Tel. 031 105826, Mo.–Do. 11.30 bis spät, Fr. 11.30–1, Sa. 12–1, So. 11.30–16 Uhr. Italienisch-amerikanische Küche zwischen Pasta, Burger und Fleisch vom Grill prägt das Angebot im Farelli's. Auch die Bar zieht durstige Gäste an und Sportereignisse können live mitverfolgt werden. Klasse ist das Brunchbüfett sonntags zwischen 11.30 und 16 Uhr.

42 [K5] **Kobe Sushi Bar** €€, Stora Badhusgatan 14, Tel. 031 133630, www.kobesushi.se, Mo.–Fr. 11–20, Sa. 15–20 Uhr. Klassisches japanisches Restaurant, das aus der fast unübersichtlichen Flut der Sushirestaurants in Göteborg (und ganz allgemein in Schweden) herausragt. Der übersichtliche Speiseraum ist sachlich eingerichtet und lenkt nicht von dem frisch zubereiteten Sushi und den abwechslungsreichen Bowl-Gerichten ab – köstlich!

43 [L5] **Ma Cuisine** €€€, Kyrkogatan 32, Tel. 031 7117711, https://macuisine-gbg.com, Mo.–Sa. 11.30 bis spät. Ein typisch französisches Restaurant im Herzen von Göteborg, in dem neben klassischen Hauptgerichten auch kleinere Bistrosnacks bestellt werden können. Die französische Plakatkunst an den Wänden kommt besonders bei einem Publikum mittleren Alters an.

44 [K4] **Restaurant Bhoga** €€€€, Norra Hamngatan 10, Tel. 031 138018, www.bhoga.se, Di.–Sa. ab 17 Uhr. Das in nordischer Sachlichkeit eingerichtete Bhoga besticht durch erstklassige Küche und verzichtet auf Effekthascherei. Die 5-, 7- oder 9-Gänge-Menüs bilden oft eine Symbiose aus lokaler und asiatischer Esskultur. Besonderes Augenmerk wird auf Herkunft und Nachhaltigkeit der Zutaten gelegt. Ab 750 Skr startet das lohnenswerte Vergnügen. **Achtung:** Im Lauf des Jahres 2024 steht eine größere Renovierung an, bzgl. Öffnungszeiten bitte online oder vor Ort informieren.

45 [K5] **Tavolo** €€€, Magasingatan 19, Tel. 031 7879809, https://tavolo.se, So.–Do. 17–23, Fr. 17–1, Sa. 13–1 Uhr. Das Tavolo residiert in den vormaligen Stallungen der Artillerie-Pferde, und genau ein solches thront mittig in der sehr stylishen Halle: 6,8 t schwer und aus Granit. Köstliche italienische Speisen machen den Restaurantbesuch zu einem runden Gesamterlebnis.

46 [K5] **The Barn** €€, Kyrkogatan 11, Tel. 031 3524949, www.thebarn.se, Di., Mi. 17–23, Do. 11.30–14 u. 17–23, Fr. 11.30–14 u. 16–24, Sa.

Gastro- und Nightlife-Areale

Bläulich hervorgehobene Bereiche in den Karten kennzeichnen Gebiete mit einem dichten Angebot an Restaurants, Bars, Clubs, Discos etc.

MEIN TIPP

Dinner for one

Für hungrige Alleinreisende empfiehlt sich der Besuch von Pubs oder Restaurants im mittleren Preissegment. Hier wird man als Single-Esser nicht schief angeschaut und es geht oft lebhafter zu. Und wenn es gewünscht wird, kommt man hier auch schneller in Kontakt mit anderen Gästen. Das **Flying Barrel** (s. S. 56) ist diesbezüglich zu empfehlen, ebenso das **Joe Farelli's** (s. links). Im **Irish Embassy** (s. S. 64) ist man allein auch gut aufgehoben und das Pubambiente ist sehr irisch-gemütlich.

12–24, So. 13–21 Uhr. Die Inneneinrichtung stammt aus einer über 80 Jahre alten Scheune und war namensgebend. Hauptbestandteil der Speisekarte sind frisch zubereitete Hamburger, deren Fleisch aus regionaler Produktion stammt. Alles ist absolut frisch zubereitet und wirklich wohlschmeckend. Im Sommer auch mit lauschiger Außenterrasse.

47 [N6] **Tien-Tsin** €€€, Engelbrektsgatan 34b, Tel. 031 162647, www.tientsin.se, So., Di.–Do. 13–22, Fr., Sa. 13–23 Uhr. Köstliches chinesisches Essen, bei dem Qualität und Preis (zum Glück) weit auseinander klaffen. Serviert werden klassische Gerichte von Frühlingsrolle bis Pekingente oder das beliebte achtgängige Tasting-Menü für 450 Skr.

48 [J6] **Yammy Kitchen** €€, Andra Långgatan 5, Tel. 031 127355, https://yammy kitchen.se, Mi., Do. 17–22, Fr. 16–23, Sa. 12–23, So. 12–22 Uhr. Unter der Führung von „Meister Kim" hat sich das Lokal zu einem der feinsten asiatischen Restaurants der Stadt gemausert. Koreanische und japanische Spezialitäten, die so authentisch zubereitet sind, dass hier sogar asiatische Reisegruppen eine Pause einlegen, dominieren die Speisekarte. Tipp: die Bulgogi-Menüs.

Vegetarisch

Rein vegetarische oder vegane Restaurants sind in Göteborg nur in begrenzter Zahl vorhanden, da fast alle „normalen" Restaurants auch immer ein solides bis üppiges Angebot an fleisch- und fischfreien Gerichten offerieren. Folgende vegetarische/vegane Speisestätten sind einen Besuch wert:

49 [L4] **Andrum** €€, Östra Hamngatan 19, Tel. 031 138504, https://andrumvege tarisk.se, Mo.–Fr. 11–22, Sa. 12–22, So. 12–21 Uhr. Im Herzen der Innenstadt gelegen, kann man hier bei einem Einkaufsbummel flugs einkehren. Den ganzen Tag über gibt es hier ein umfangreiches Büfett mit köstlichen Brotvariationen und großer Salattheke.

50 [J6] **En Deli Haga** €, Haga Nygata 15, Tel. 073 6878781, Mo.–Fr. 8–19.30, Sa., So. 8–18.30 Uhr. Das Deli Haga, das mitten im gleichnamigen Stadtviertel logiert, besticht es durch abwechslungsreiche fleischlose Gerichte, die zumeist eine mediterran-nahöstliche Prägung haben.

51 [E7] **Govindas** €, Karl Johansgatan 57, www.govindas-goteborg.com, Tel. 031 421642, Di.–Fr. 11.30–15, So. 12–16 Uhr. Sehr indisch, sehr lecker und fleischlos sind die Speisen im Lunchrestaurant Govindas. Wer es ganz authentisch indisch mag, der kann sogar auf Kissen an den niedrigen Tischchen Platz nehmen. Auch preislich sehr attraktiv.

52 [I8] **Sayur** €, Olivedalsgatan 23, Tel. 031 847061, Facebook: Sayurwarung, Di.–Fr. 11.30–19, Sa. 12–16 Uhr. Von außen ist es unscheinbar, aber im Inneren wird ausgesprochen leckere und preiswerte indonesische Küche aufgetischt – alles vegan oder vegetarisch.

53 [J6] **Solrosen** €-€€, Kaponjärgatan 4a, Tel. 031 7116697, www.restau rangsolrosen.se, Mo., Di. 11.30–18, Mi., Do. 11.30–20, Fr. 11.30–23.30, Sa. 14–20 Uhr. Das „Solrosen" (Sonnenblume) ist das älteste vegetarische Restaurant der Stadt. Besonders bei Studenten beliebt, strahlt es den Retro-Charme einer urigen Nachbarschafts-Eckkneipe aus. Aber nicht täuschen lassen: Die Tagesgerichte, die direkt am Tresen bestellt werden müssen, sind vorzüglich und werden bis abends serviert.

In den Sommermonaten ist der Außenbereich der Linnéterrassen (s. S. 55) gut besucht

Fischrestaurants

54 [K4] **Fiskekrogen** €€€€, Lilla Torget 1, Tel. 031 101005, www.fiskekrogen.se, Mo.-Do. 17.30-22.30, Fr. 16-24, Sa. 12-24 Uhr. Die Küchenmannschaft des Fiskekrogen ist mit diversen Auszeichnungen prämiert worden. Rund um das Thema Meeresfrüchte ist man hier bei einer der Topadressen Schwedens. Gespeist wird in stilvollem, ja fast royalem Ambiente. Man kann zwischen Hauptgericht, komplettem Menü oder dem Meeresfrüchte-Büfett wählen. Und der Sommelier des Fiskekrogen kann über 400 Weine empfehlen.

10 [K6] **Feskekörka:** die historischen Gemäuer der Fischkirche sollten Liebhaber von maritimen Köstlichkeiten keinesfalls verpassen. Mit Ekmans, Haldis Kök, Victor von G und der Åstor Rökeri buhlen vier verschiedene Restaurants um hungrige Gäste. Und bei Ebbes Fångst und Flåtens Fisk gibt es Leckereien zum Mitnehmen - guten Hunger (s. S. 21)!

55 [K6] **Sjöbaren** €€€, Haga Nygata 25, Tel. 031 7119780, www.sjobaren.se, Mo.-Fr. ab 11, Sa. ab 12, So. ab 13 Uhr. Für Freunde und Liebhaber von Fisch- und Schalentiergerichten ist dieses preislich im Mittelfeld angesiedelte Restaurant ein wahrer Magnet. Im Sommer befinden sich im netten Innenhof Tische unter freiem Himmel. *Dagens Lunch* Mo.-Fr. 11-14 Uhr.

56 [C8] **Sjömagasinet** €€€€, Adolf Edelsvärdsgata 5, Tel. 031 7755920, https://sjomagasinet.se, Mo.-Fr. 11.30-23, Sa., So. 13-23 Uhr. Straßenbahnlinie 3 und 9

Mein Tipp

Restaurants mit Aussicht

Ein echter Gaumenschmaus wird oft durch das entsprechende Ambiente noch verfeinert. Dazu gehört auch die Aussicht, die der Restaurationsbetrieb zu bieten hat. Diesbezüglich unschlagbar dürfte das **Heaven 23** (s. S. 55) mit Blick aus dem 23. Stockwerk sein. Ebenfalls ein spektakuläres Panorama bietet die **Kronans Terrass** (s. S. 28) auf dem Festungshügel der Skansen Kronan. Die Terrasse des **Lilla London** (s. S. 64) bietet ebenso einen Blick auf die Flaneure und Passanten wie die **Linnéterrassen** (s. S. 55).

bis Vagnhallen Majorna, Schnellstraßenunterführung nutzen und der Ausschilderung Richtung Klippan folgen. In einem ehemaligen, umgebauten Speicher finden Fischliebhaber eine der Toppadressen der Stadt. Die Zutaten werden täglich auf dem Fischmarkt, der nur 200 m vom Restaurant entfernt liegt, erstanden und könnten somit kaum frischer sein. Im Sommer bietet die Terrasse einen unschlagbaren Blick auf den Göta älv und die Älvsborgsbron. Das alles hat natürlich seinen Preis.

Imbisse

57 [K5] **Crave** €, Food Truck vor der Magasinsgatan 17, Tel. 076 7878006, Mo.–Fr. 11–14, Sa., So. 12–16 Uhr. Biowurst, Sauerkraut und Kartoffelpüree, Wraps oder klassische Hamburger werden im Crave freundlich über die Serviertheke gereicht.

58 [D6] **Fiskehuset Svanen** €, Kvarnpiren (Eriksberg), Tel. 0737 418676, http://fiskhusetsvanen.se, Mo. 11–15, Di.–Fr. 10–18, Sa. 10–15 Uhr (bei gutem Wetter auch länger). Frischer Fisch und Schalentiere zu Kilogrammpreisen oder fertige Imbissgerichte werden im Fischhaus angeboten. Besonderer Tipp bei schönem Wetter: die Speisen mitnehmen und draußen an der Mole mit Blick auf den Fluss genießen.

59 [K5] **Jinx** €, Food Truck vor der Magasinsgatan 17, Tel. 073 5259846, www.jinxfoodtruck.com, Mo.–Fr. 11–13.30, Sa. 12–15 Uhr. Der Jinx-Imbiss zeichnet sich durch taiwanesische, vietnamesische oder anderweitige asiatische Gerichte aus, die modern – teils schwedisch, teils westlich-fernöstlich – interpretiert werden. Selbstverständlich gibt es auch diverse vegetarische Kombi-Gerichte im Angebot.

60 [E9] **Korv Kiosk** €, Mariagatan 6, Tel. 031 245300, So.–Do. 11–21, Fr., Sa. 11–22 Uhr. Am Mariaplan existiert noch ein schwedischer Schnellimbiss der ganz alten Schule, der vor einigen Jahren von der Göteborgs Posten zur besten Wurstschmiede der Stadt gekürt wurde. Hier gibt es keine kulinarischen Experimente, sondern nur das, was sich seit Jahrzehnten bewährt hat: *Korv* (Wurst), *kötbullar med mos* (Fleischbällchen mit Kartoffelpüree) oder den guten alten Hamburger.

61 [E9] **Luckans Fisk & Skaldjur** €, Slottsskogsgatan 37, Tel. 031 140778, Di.–Fr. 10.30–18, Sa. 10–14 Uhr. Die „Fischklappe" ist Fischladen und kleines Restaurant in einem. Zwischen 11.30 und 14 Uhr (Di.–Fr.) wird ein täglich wechselndes Lunch-Menü offeriert, das jedoch immer eine „fischige" Grundlage hat. Köstlich ist auch das täglich angebotene Krabben-Sandwich.

62 [L6] **Vasagrillen** €, Vasagatan 25, Tel. 031 163038, unmittelbar vor dem Uni-Hauptgebäude gelegen, geöffnet bis in die Nacht hinein (am Wochenende sogar bis 5 Uhr, jedoch nächtens auf Gerichte 10 Skr. Aufschlag). Hier gibt es „Halv Special" bzw. „Hel Special", eine Kombination von Hotdog im Brot mit Kartoffelbrei, Senf und Ketchup.

Cafés

63 [K6] **Café Husaren,** Haga Nygata 28, Tel. 031 136378, www.cafehusaren.se, Mo.–Do. 8–19.30, Fr.–So. 8–19 Uhr. Gemütliches Café mittten in Haga. Essen und Trinken mit Blick auf die flanierenden Passanten. Hier auf keinen Fall die vermutlich größten Zimtschnecken des Landes (mit dem Eigennamen Hagabulle) verpassen!

64 [D6] **Café Italia,** Maskinkajen 11 (Eriksberg), Tel. 031 231924, tägl. 10–21 Uhr. Italienische Tellergerichte von Salat über Ciabatta und Pasta bis hin zu Tiramisu und Cappuccino. Tolle Lage am Flussufer mit Bestuhlung vor dem Haus. Freitags immer Pizza-Büfett mit einem Freigetränk.

Surströmming – die Kunst der Fermentierung

In vielen Ländern dieser Erde gibt es kulinarische Spezialitäten, die nur (bis auf wenige Ausnahmen) die Einheimischen zu schätzen wissen. Besucher und Zugereiste drehen sich meist schaudernd ab von den gebratenen Ratten, den frittierten Maden oder den knusprigen Vogelspinnen. In Schweden heißt eine solche **„Ekel-Delikatesse“** Surströmming und ist sicher in Konservendosen gelagert. In den Dosen befinden sich ausgewachsene Heringe, die bereits mehrere Gärungsstufen durchlaufen haben.

Nach dem Fang im Frühjahr werden sie über acht bis zehn Wochen in einer Salzlake gelagert, bevor sie im Juli eingedost werden. Dort geht der Fermentierungsprozess jedoch mindestens vier Wochen weiter, bis traditionell am dritten Donnerstag im August die Surströmming-Saison eröffnet wird. Als Gütesiegel für den passenden „Reifegrad“ der verrotteten Heringe zieht man die Konservendosen zu Rate: Sind sie kräftig ausgebeult, ist der Fisch verzehrfertig.

Als Vorsichtsmaßnahme sollten die Dosen nur unter Wasser geöffnet werden, da die herausspritzende Fermentationsflüssigkeit einen durchdringend **penetranten Gestank** verbreitet, mit dem man sich in seinem sozialen Umfeld sicherlich keine Freunde macht. Auf dünnem Brot mit roten Zwiebeln, kleinen Kartoffeln und einer Soße aus saurer Sahne wird der Surströmming zumeist serviert, dazu wird gern Milch und Schnaps gereicht. Guten Hunger! Anmerkung am Rande: auch Freunde des Surströmmings sollten beachten, dass es seit einigen Jahren bei British Airways und Air France verboten ist, entsprechende Konservendosen im Flugzeug mitzuführen, da angeblich Explosionsgefahr besteht.

65 [J6] **Café Kringlan,** Haga Nygata 13, Tel. 031 130908, Mo.–Do. 8–20, Fr.–So. 8–19 Uhr. Uriges Café mit leckerem Kuchensortiment. Neben Kaffeespezialitäten werden auch warme Gerichte angeboten, die in den warmen Monaten unter freiem Himmel mit Blick auf die Fußgängerzone verspeist werden können.

66 [D6] **Café Kvarnpiren,** Belegatan 7 (Eriksberg), Tel. 031 650330, www.cafekvarnpiren.se, Mo.–Fr. 8–18, Sa. 9–16, So. 10–16 Uhr. Solides Café mit dem klassischen Angebot vom Krabbensandwich bis zur Zimtschnecke. Zentral in Eriksberg gelegen, mit Sitzgelegenheiten direkt an der Mole: toller Ausblick von den Sonnenplätzen.

67 [J7] **Egg & Milk** ✿, Övre Husargatan 23, Tel. 031 7010350, www.eggandmilk.se, tägl. 7–15 Uhr. Der Name wie auch die Inneneinrichtung im Stile amerikanischer Diners der 1950er-Jahre lassen schon sehr gut auf die Speisekarte schließen: Pfannkuchen mit Sirup, Bagels, Eier auf vielerlei Art zubereitet und große Kaffeetassen dominieren dieses Frühstückscafé. Das klassische Angebot wird gut ergänzt durch vegane Köstlichkeiten.

68 [K6] **Espressobar Nöller**, Haga Nygata 28, Tel. 031 135361, Instagram: nollerespressobar, Mo.–Fr. 8–18, Sa., So. 9–18 Uhr. Sachliches Design – irgendwo zwischen Retro- und Avantgardestil – dominiert den Eindruck dieser Kaffeebar. Die köstlichen Kaffeespezialitäten bereitet der Chef teilweise noch persönlich zu – ein gebürtiger Deutscher, der durch einen Beamtenfehler einen neuen Namen erhielt: Aus Möller wurde Nöller!

69 [J6] **Jacob's Café,** Haga Nygata 10, Tel. 031 7118044, tägl. 10–19 Uhr. Innen dominieren rustikale Holzmöbel das Bild, außen kleine Sitzgarnituren mit – im Sommer – optimaler Sonneneinstrahlung: breites Getränkesortiment sowie kleine Snacks, Salate und Sandwiches.

70 [C8] **Klippans Konstcafé,** Banehagsgatan 15, Tel. 031 247914, www.klippanskonstcafe.se, tägl. Kernöffnungszeit 10–18 Uhr (bei gutem Wetter aber auch deutlich länger). Gemütliches Café im angesagten Kunst-Kultur-Szeneviertel Klippan. Im Sommer mit großzügiger Terrasse und leckerem Eis. Abwechslungsreiche Salate und üppige *smörgåsar* (belegte Brote), *Dagens Lunch* von 11 bis 14.30 Uhr.

Klassische Café-Atmosphäre garantiert das Jacob's Café

100gb Abb.: ©daisy_y, stock.adobe.com

MEIN TIPP

Nationalheiligtum Kanelbulle

Während in Deutschland ganz offiziell der 3. Oktober Nationalfeiertag ist, haben die Schweden einen inoffiziellen nur 24 Stunden später. Seit 1999 wird am 4. Oktober der **„Tag der Zimtschnecke"** (schwed. *Kanelbullens Dag*) zelebriert. Eingeführt wurde der Tag allerdings nicht von der schwedischen Regierung, sondern vom „Zuhausebackrat" (schwed. *hembakningrådet*), einem Interessenverband der schwedischen Lebensmittelindustrie. Auch wenn man massive ökonomische Motive hinter der Einführung vermuten darf, so trifft die Idee doch den Geschmacksnerv fast aller Schweden. Die Zimtschnecke ist in jeder Bäckerei, an jedem Kiosk und an fast jeder Tankstelle erhältlich und wird oft im Paket mit einer Tasse Kaffee angeboten. Inzwischen wird sogar beim alljährlichen Kanelbulledesignwettbewerb die schönste Zimtschnecke prämiert: Der erste Preis besteht aus einer Design-Kaffeetasse und einem Warengutschein für Backingredienzen – wenn das mal kein Anreiz ist.

71 [J8] **Sunshine Café,** Linnégatan 72, Tel. 0760 832003, www.sunshinecafe.se, Mo.–Fr. 8.30–18, Sa., So. 9–18 Uhr. Das lauschige, kleine Café ist bekannt für seine leckeren Kuchen- und Kaffeespezialitäten. Ein besonderer Tipp für den größeren Hunger sind aber auch die variantenreichen Brunch-Angebote, die tägl. von 10 bis 16 Uhr zubereitet werden.

Am Götaplatsen, wo man den Poseidonbrunnen bewundern kann, befinden sich auch das Konserthuset und das Stadsteater

Göteborg am Abend

Das Göteborger Nachtleben ist so berühmt-berüchtigt, dass nicht nur Einheimische oder Schweden aus den umliegenden Kommunen hier gerne mal um die Häuser ziehen, sondern auch vermehrt norwegische Feiertouristen an den Wochenenden die Stadt unsicher machen. Das lässt sich nicht nur mit der relativen Nähe zu Norwegen oder den höheren (Bier-)Preisen im Nachbarland erklären, sondern hängt schlichtweg auch mit der Attraktivität des bunten Angebots zusammen. Und auch im „Rest von Europa" hat sich das Nachtleben der Westküstenmetropole – nicht zuletzt dank der günstigen Flüge von Ryanair und Co. – eine Reputation erarbeitet, die sich viele, auch deutlich größere, Städte wünschen würden.

Die **Kungsportsavenyn** 15 und die **Linnégatan** sowie die angrenzenden Straßen sind die X- und Y-Achse des nächtlichen Koordinatensystems. In den Bars und Kneipen ist der Dresscode eher leger und mit mitteleuropäischer Freizeitkleidung fällt man nicht auf. Bei einem angedachten Besuch von Disco oder Club sollte man optisch jedoch eine Schippe zulegen. In diesen Etablissements geht es deutlich schicker zu und das kleine Schwarze für die holde Weiblichkeit bzw. Hemd (und gegebenenfalls sogar Krawatte) für den männlichen Part gelten keinesfalls als „overdressed". Mit Jeans, T-Shirt und Turnschuhen wird einem in den meisten Clubs der Eintritt verwehrt bleiben, da die breitschultrigen **Türsteher den vorgegebenen Dresscode** bei den Gästen erbarmungslos beachten. Besonders ärgerlich ist die falsche Kleiderwahl, wenn man vorher 45 Minuten für die Tanzlokalität in der Schlange angestanden hat, um dann auf der Zielgeraden von den Männern an der Tür abgefangen zu werden.

Apropos **Schlange stehen:** In Göteborg, wie auch sonst in ganz Schweden, gehört es seit Jahren zum guten Ton, vor dem Betreten einer nachtaktiven Lokalität in der Schlange anzustehen. Selbst wenn die Disco nur mäßig gefüllt sein sollte – draußen gibt es fast immer eine Gruppe von Wartenden, die so lange ausharren, bis der Türsteher grünes Licht gibt. Wer so einen Club frühzeitig aufsucht, kann die Warterei geschickt umgehen (wenn auch um den Preis, der erste Gast zu sein).

Auch die **Altersgrenzen** unterscheiden sich teilweise deutlich von denen in Deutschland: In der Regel kann man damit rechnen, mit 18 Jahren in die Clubs eingelassen zu werden, nicht selten wird diese Grenze aber auf 21 oder – in Ausnahmen – sogar auf 25 Jahre hochgesetzt. Auch das sollte man vor dem Anstehen berücksichtigen, um anschließend nicht an der Tür abgewiesen zu werden und frustriert von dannen ziehen zu müssen.

In vielen Bars besteht zudem die Möglichkeit, erstklassig zu speisen. Zugleich sieht man sich in zahlreichen Restaurants einer üppigen Getränkeauswahl gegenübergestellt. Die abschließende Zeche – auch kleinere Beträge oder nur einzelne Getränke – wird fast ausschließlich bargeldlos beglichen. Oftmals wird Bargeld nicht mal mehr angenommen, man sollte also immer die Debit- oder Kreditkarte bzw. das Smartphone mit Bezahlfunktion parat haben.

☒ *Sonnenuntergang am Göta älv – im Sommer ein langes Vergnügen*

Nachtleben

Bars und Kneipen

72 [L5] **Irish Embassy,** Östra Hamngatan 50b, http://irishembassypub.se, Tel. 031 139020, So.–Do. 11–3, Fr., Sa. 11–5 Uhr. Ein typischer Irish Pub, wie man ihn in Irland und inzwischen auch in weiten Teilen der Welt überall finden kann; britisch-irische Küche sorgt für die solide Basis bei der internationalen Trinkerschar, die sich hier allabendlich (am Wochenende auch allmorgendlich) einfindet. Sportereignisse werden auf mehreren Fernsehern gezeigt.

73 [M6] **Lilla London,** Vasagatan 41, Tel. 031 183093 www.valand.nu, Mi., Do. ab 16, Fr., Sa. ab 12, So. ab 13 Uhr. Wie der Name schon vermuten lässt, steht das Lilla London in guter britischer Pubtradition: Ein Pint wird schnell gezapft (Happy-Hour-Angebote beachten) und auch die Küche bereitet die handfesten Gerichte flott zu. Zentral gelegen und ideales Sprungbrett für weitere Aktivitäten.

74 [L5] **Ölhallen 7-an,** Kungstorget 7, Tel. 031 136079, So.–Di. 11–24, Mi.–Sa. 11–1 Uhr. Hier ist der Name Programm: In der historischen Bierhalle (eröffnet 1900) werden dutzende Biersorten offeriert. Wer nach bunten Getränken mit lustigen kleinen Schirmchen sucht, ist hier definitv falsch! Das Interieur in dunklem Holz erinnert an klassische Brüsseler Bierstuben und das Platzangebot bringt die Besucher schnell mit Einheimischen in Kontakt – *Skål!*

75 [O3] **Ölstugan Tullen Lejonet,** Friggagatan 27, direkt an der Tramhaltestelle Svingeln, www.olstugan.se/lejonet, Tel. 031 3482001, Mo.–Fr. 15–22, Sa., So. 13–22 Uhr. Große Kneipe mit mehreren Sorten Bier vom Fass und netter, kleiner Speisekarte (Köttbullar, Schnitzel, gebackener Camembert) – und das zu sehr günstigen Preisen.

76 [K5] **Steampunk Bar,** Kungsgatan 7a, Tel. 031 7742055, https://steampunkbar.se, Mo.-Do. 16-23, Fr.-So. ab 16, Sa. ab 14 Uhr. Das Interieur und auch das Äußere der Bedienungen sind komplett auf die Steampunk-Thematik abgestimmt: eine dem 19. Jahrhundert entsprungene Science-Fiction-Optik! Es gibt viele exklusive Biersorten - sowohl vom Fass als auch aus der Flasche - und eine große Gin- und Whisk(e)yvielfalt, die ihresgleichen sucht. Ein Erlebnis der besonderen Art.

77 [K4] **TaKeT Rooftop Bar,** Skeppsbroplatsen 1, Tel. 031 7522810, https://ogbg.se/taket, im Hochsommer tägl. geöffnet (jedoch wetterabhängig!), in der Nebensaison nur Fr., Sa. ab 18 Uhr. Was den Ausblick angeht, wird man in Göteborg kaum eine bessere Lokalität finden: Die Bar auf dem Dach erlaubt einen wunderbaren Panoramablick auf den Hafen und am Wochenende legen regelmäßig DJs auf.

017gb Abb.: ld

Clubs und Discos

78 [M5] **Lounge(s),** Kungsportsavenyn 5, https://lounges.se, Do. 22-3 (Mindestalter 23 Jahre), Fr. 17-4, Sa. 22-4 Uhr (Mindestalter 25 Jahre). Lebendiger Club, in dem drei Tanzflächen mit unterschiedlichen Musikrichtungen bespielt werden. Toll ist die „Dschungel-Terrasse" auf dem Dach, die insbesondere an lauen Sommerabenden ausgesprochen populär ist.

79 [K5] **Nefertiti Jazz Club,** Hvitfeldtsplatsen 6, Tel. 031 7114076, www.nefertiti.se, Mi., Do. 18-23, Fr., Sa. 18-3 Uhr. Früher war das Nefertiti ein Jazzclub der alten Schule, aber am Wochenende treten oftmals Bands auf, deren Spektrum von Soul über Hip-Hop bis zu Indie-Rock reicht. Und zwischendrin gibt es auch immer noch ausgezeichnete Jazzkonzerte. Im Sommer kann man draußen sitzen, jedoch sollte man am besten schon früh erscheinen, um das lange Schlangestehen zu vermeiden. Eintritt: abhängig von Veranstaltung, mind. 150 Skr.

80 [N6] **Park Lane,** Kungsportsavenyn 38, Tel. 031 206058, www.parklane.se, Fr., Sa. 23-5, So. 23-3 Uhr, Altersgrenze: 22 (freitags) bzw. 25 Jahre (samstags). Eintritt: ab 130 Skr. Das Park Lane ist berühmt-berüchtigt für das wilde Treiben am Wochenende und die After-Partys, die bis in den Morgen andauern. Teilweise mit Show-Programm und Verkostung.

81 [J6] **Pustervik,** Järntorgsgatan 12-14, http://pustervik.nu, Mi., Do. 17-23, Fr., Sa. 17-3 Uhr. Pustervik ist ein Kulturzentrum, eine Bar, ein Café, ein Theater, eine Kneipe, ein Club, eine Konzerthalle - einfach alles in einem! Beson-

Die Schweden und der Alkohol

Das Verhältnis der Schweden zum Alkohol kann als sehr speziell, ja fast schon als legendär bezeichnet werden. Gleichzeitig wird dieses Bild durch **zahlreiche Pauschalurteile und Klischees** geprägt. Häufig rufen sich diesbezüglich Bilder alkoholisierter Schweden in den südeuropäischen Urlaubsgefilden oder auf den Fähren von und nach Schweden ins Gedächtnis. Auf jeden Fall aber verdient diese Beziehung eine genauere Betrachtung und Erläuterung.

Konsumierte der Durchschnittsschwede z. B. im Jahr 2019 ca. 7,1 Liter reinen Alkohol (in den 1820er-Jahren waren es unglaubliche und rekordverdächtige 46 Liter), konsumierte sein deutsches Pendant im selben Zeitraum 10,6 Liter.

Diese nackten Zahlen spiegeln jedoch nur die halbe Wahrheit wider: Die sicherlich hohen Mengen an „Selbstgebranntem“ in Schweden oder die beliebten Einkaufstouren ins benachbarte – und günstigere – Ausland finden hier ebenso wenig Berücksichtigung wie die Tatsache, dass in Schweden während der Woche wesentlich weniger Alkohol getrunken wird als in Deutschland. Dafür schlägt dann der – vor allem junge – Schwede am Wochenende umso beherzter zu. Der schwedische Staat versucht auf zweierlei Art, dem übermäßigen Alkoholkonsum entgegenzuwirken. Die immensen Steuern auf Alkohol erklären den für unsere Maßstäbe **hohen Preis für Spirituosen.** Vergleicht man die Getränkepreise allerdings mit den Beträgen, die beispielsweise in deutschen Innenstädten für Alkoholika gezahlt werden müssen, relativiert dies wiederum viel.

Außerdem gibt es ein weitgehend **staatliches Monopol beim Verkauf von Spirituosen.** Dieses System ba-

018gb Abb.: ld

siert im Wesentlichen auf der Grundlage der Systembolaget-Läden (kurz „Systemet"). Nur in diesen landesweit ca. 400 Läden werden Weine, Spirituosen oder das mit unserem Bier vergleichbare Normalbier („Starköl") verkauft. Die System-Geschäfte sind sachlich-nüchtern eingerichtet und es ist ihnen verboten, für sich Werbung zu machen, teilweise liegen sie sogar etwas versteckt. Um dort einzukaufen, muss man mind. 20 Jahre alt sein, man sollte dort nüchtern erscheinen und gegebenenfalls einen Ausweis zur Hand haben. Nachdem es über Jahrzehnte üblich war, zum Einkaufen Nummern zu ziehen und sich dann von der durchaus professionellen Bedienung die gewünschten Getränke bringen zu lassen, sind die Filialen landesweit größtenteils zur Selbstbedienung à la Supermarkt übergegangen. Auch wenn viele Läden jetzt auch an Samstagen (zumeist 10–15 Uhr) geöffnet haben, sollte man es doch vermeiden, freitagabends oder samstags dort einzukaufen, es sei denn, man bringt ausreichend Zeit und Geduld mit. Trotz aller durchaus berechtigten Skepsis sollte man sich nicht täuschen lassen: Ein Systemet verfügt über ein breites und qualitativ gutes Angebot an Spirituosen und auch preislich braucht man nicht immer gleich das Schlimmste zu befürchten.

Möchte man essen gehen oder den Abend bei einem Glas Wein ausklingen lassen, sollte bedacht werden, dass **nicht alle Restaurants eine Lizenz zum Ausschank** von Hochprozentigem haben. Die glücklichen Lokalitäten mit Lizenz sind am Schild mit der Mitteilung „Fullständiga Rättigheter" auszumachen. Ein Bier (man bestellt hier ein „stor stark") kostet im Normalfall 65–80 Skr, eher seltener sind 90 Skr, während der Happy Hour kann der Preis auf 35 Skr heruntergehen. Für eine Flasche Wein sollten ca. 280–300 Skr einkalkuliert werden, ein Glas Wein ist für ca. 90 Skr zu haben. In Supermärkten erhält man Bier bis zu 3,5 Vol.%. Wer gerne einmal ein Hopfengetränk zwischendurch trinken möchte oder für den, dem es eher um den Geschmack als um die Prozente geht, für den stellen Biere aus dem Supermarkt sicherlich eine gute und auch günstige Alternative zum Systembolaget dar.

Unter www.systembolaget.se kann man weitere Filialen in Göteborg ausfindig machen oder sich ganz allgemein informieren.

82 [L3] **Systembolaget (1),** Lilla Klädpressaregatan 8–16, Nordstan, Tel. 031 157748, Mo.–Fr. 10–20, Sa. 10–15 Uhr. In der Nähe des nördlichen Eingangs des Einkaufszentrums Nordstan gelegen.

83 [M6] **Systembolaget (2),** Kungsportsavenyn 18, Tel. 031 186524, Mo.–Fr. 10–19, Sa. 10–15 Uhr. Genau an der Flaniermeile Avenyn platziert.

84 [J7] **Systembolaget (3),** Linnégatan 28b, Tel. 031 146521, Mo.–Fr. 10–19, Sa. 10–15 Uhr. Zentrale Filiale des Systembolagets im Ausgehviertel an der Linnégatan.

Eine gut sortierte Bar – auch in Göteborg Fundament einer jeden gastronomischen Lokalität

Smoker's Guide

In Schweden gilt ein **Rauchverbot in allen gastronomischen Lokalitäten.** De facto darf man nach dem schwedischen Nichtraucherschutzgesetz weder in Restaurants, Kneipen, Cafés noch in Discos rauchen – und die Einhaltung wird vehement kontrolliert. Nach einer Verschärfung der Regeln 2019 ist das Qualmen auch auf Gastro-Terrassen und in Biergärten unter freiem Himmel untersagt. Inzwischen rauchen nur noch 5 % der Bevölkerung, aber nicht wenige sind auf Snus (s. u.) umgestiegen.

ders am Wochenende Ort unterschiedlichster Konzerte und Veranstaltungen mit zumeist anschließender Disco; das Publikum ist dabei weniger aufgetakelt als auf der und um die Avenyn herum.

85 [M5] **Trädgår'n,** Nya Allén 11, Tel. 031 102080, www.tradgarn.se. Im „Garten" kann man tanzen, essen und trinken. Das Programm ist breit gefächert und reicht von Electro bis hin zu 50-plus-Disco. Deshalb vor dem Besuch unbedingt informieren. Das angeschlossene Restaurant ist bei allen Veranstaltungen und Konzerten geöffnet.

86 [M6] **Valand**, Vasagatan 41, Tel. 031 183093, www.valand.nu, Fr., Sa.

Snus – die schwedische Art des Tabakkonsums

„Drei Tage ohne Snus auf dieser Insel – wir verschmachten!"

(Mitteilung in einer Flaschenpost, die Pippi Langstrumpf, Tommy und Annika als Schiffbrüchige von einer einsamen Insel verschicken: in „Pippi geht an Bord")

Wer schon einmal Schweden – in 90 % der Fälle sind es Männer – dabei beobachtet hat, wie sie sich einen undefinierbaren, kleinen Beutel unter die Oberlippe schieben, hat sich sicherlich ob dieser merkwürdigen Angewohnheit gewundert. Diese Beutel nennen sich „Snus" und sind eine sehr nordische Form des rauchfreien Nikotinkonsums. Verkauft werden sie in runden Döschen, die mit Markenlogos und Schriftzügen versehen sind. Ähnlich wie bei Zigaretten gibt es eine Vielzahl an Produkten unterschiedlicher Geschmacksrichtung, Stärke und Beutelgröße.

Obwohl Tabak bereits Mitte des 17. Jahrhunderts mit Veteranen des Dreißigjährigen Krieges seinen Weg nach Schweden fand, dauerte es noch weitere 200 Jahre, bis er auch bei breiteren Massen populär wurde. So gab es im 19. Jahrhundert bereits drei Tabakfirmen in Göteborg, die ausschließlich Snus produzierten. Heute wird Snus hauptsächlich von der Firma Swedish Match hergestellt, die in Schweden einen Marktanteil von ca. 70 % erreicht. Swedish Match exportiert ihr Produkt in viele Staaten, wobei jedoch insbesondere die USA einen gewichtigen Markt darstellen.

Der durchschnittliche Pro-Kopf-Tabakkonsum in Schweden liegt auf einem ähnlichen Niveau wie in anderen westeuropäischen Staaten, jedoch wird der Hauptteil als Snus verkauft. Insbesondere Männer greifen zu dem feuchten, etwas pappigen Tabak, während weibliche Tabakkonsumenten in Schweden meist zum Glimmstängel tendieren.

Es gibt diverse **Untersuchungen zum Thema,** die einen direkten Zusammenhang zwischen Snuskonsum und der vergleichsweise niedrigen schwedischen Krebsrate nahelegen. Krebsstatistiken für schwedische Frauen ähneln denen in anderen europäischen

22–3/5 Uhr. Wie in anderen Clubs an der Kungsportsavenyn gilt auch hier eine strikte Kleiderordnung. Zu lockerer Kleidungsstil wird von den Türstehern abgestraft. Musikstil Pop bis Disco, das Mindestalter beträgt hier in den meisten Clubnächten 25 Jahre.

87 [M5] **Yaki-Da Nattklubb,** Storgatan 47, Tel. 031 960200, https://klubben.yaki-da.se, Mi. ab 20, Fr. ab 17, Sa. ab 22 Uhr. Besonders an Freitagen ist das Yaki-Da ein populärer Tanztempel, da bis 22 Uhr der Eintritt frei ist und die Getränke um 50 % reduziert sind. Die Türsteher gelten jedoch als ziemlich kritisch und achten sehr auf den Dresscode.

Theater, Konzerte und Veranstaltungen

Die Konzertdichte in Göteborg ist nicht zu unterschätzen und selbst Weltstars wie Madonna oder U2 legen auf ihren Tourneen hier regelmäßig einen Stopp ein.

Die Veranstaltungslokalitäten wechseln hierbei relativ häufig. Die ganz großen Gigs finden jedoch gleich im **Ullevi Stadion** statt (die Kicker des IFK Göteborg treten im Gamla Ullevi Stadion an den Ball). Die **Lisebergshallen** des gleichnamigen Vergnügungsparks 11 und das nahe gele-

Staaten, die männlichen Werte in diesem Bereich liegen jedoch signifikant unter europäischen Vergleichswerten. Damit soll keinesfalls gesagt werden, dass „snusen" gesund sei. Das Gegenteil ist der Fall und insbesondere Schäden des Zahnfleisches und Krebs im Rachen, Mundraum und an der Speicheldrüse sind unbestreitbare Folgen. Jedoch scheint der nicht inhalierte Tabakkonsum insgesamt weniger schädlich zu sein.

In Schweden ist Snus als **Genussmittel, ja sogar als Kulturgut** anerkannt. Bei den Beitrittsverhandlungen zur EU in den frühen 1990er-Jahren wurde dies in den Verträgen explizit festgeschrieben und somit dürfen sich die Schweden auch weiterhin Tabak unter die Oberlippe schieben, während der Verkauf im restlichen Europa nach der EU-Tabakrecht-Richtlinie verboten ist. Nachdem 2005 in Schweden das Rauchen in Restaurants, Bars und Diskotheken verboten wurde, gab es einen regelrechten Run auf den traditionellen Oraltabak, der bis heute anhält. So sind inzwischen viele Raucherinnen auf Snus umgestiegen, da auch die Anbieter sich auf die neue Konsumentinnenschicht eingestellt haben: Snus in kleineren Portionen, mit Vanille- oder Mentholaroma und „femininere" Verpackungen in bunten Farben und schickem Design sind ein Produkt der letzten Jahre. Während der schwedischen EU-Ratspräsidentschaft in der zweiten Jahreshälfte 2009 versuchten die Nordländer sogar, das Snus-Verbot in Europa zu kippen. Jedoch setzten sich die europäischen Skeptiker durch und der Status Quo blieb unangetastet.

Ein Mythos muss noch ausgeräumt werden: Snus soll angeblich mit winzigen Glassplittern versetzt werden, um das Zahnfleisch aufzurauen und die Wirkung zu beschleunigen. Das stimmt nicht. Vielmehr bilden sich im zu trockenen Snus **Salzkristalle,** die mit Glassplittern verwechselt werden können.

019gb Abb.: ld

gene **Scandinavium** [O6], das häufig auch bedeutende Sportereignisse beherbergt, sind ebenfalls populäre und gleichzeitig überdachte Veranstaltungsorte. Alle drei Arenen werden von der gleichen Firma betrieben und sind unter folgender Adresse zu kontaktieren:

88 [O6] **Got Event AB,** Scandinavium, Valhallagatan 3, Ticketkasse Mo.–Fr. 7–19 Uhr, Tel. 0771 707070 oder 031 811020 (Kartenkasse), https://gotevent.se

Weitere Theater- und Musikveranstaltungen, teilweise jenseits der Populärkultur, finden in folgenden Institutionen und Häusern statt:

89 [N6] **Göteborgs Konserthuset,** Götaplatsen, Tel. 031 7265300 (Kartenkasse), www.gso.se, Kartenkasse werktägl. 12–18, samstags 11–15 Uhr. Die Heimstätte des Göteborger Symphonieorchesters ist für alle besuchenden Klassikfreunde (und natürlich auch für die heimischen) die erste Anlaufadresse. Im angeschlossenen Konzertshop kann man sich Aufnahmen des Orchesters auch auf CD kaufen.

2 [K3] **Göteborgs Operan,** Christina Nilssons Gata, Tel. 031 108000, 031 131300 (Kartenkasse), www.opera.se, Kartenkasse Di.–Fr. 11.30–16, Sa., So. 12 Uhr bis zum Vorstellungsbeginn. Ob Oper, Tanztheater, Musical oder klassisches Konzert – im ersten Haus am Platz wird große Kunst zelebriert. Direkt am Hafen gelegen, mit Restaurant, Bar und Café im Operngebäude (s. S. 14).

90 [N6] **Göteborgs Stadsteater,** Götaplatsen, https://stadsteatern.goteborg.se, Tel. 031 7087000, 031 7087100 (Eintrittskarten), Kartenkasse Di.–Fr. 12–19, samstags 12–18 Uhr, sonntags ab drei Stunden vor der Aufführung. Auf drei Bühnen werden im Stadsteater hauptsächlich klassische Stücke aufgeführt. Modernere Inszenierungen sind in letzter Zeit ebenfalls ins Repertoire aufgenommen worden und runden das Programm ab. Mit Café und Bar, Letztere mit Essensmöglichkeit. Das aktuelle Programm findet man auf der Website.

91 [N6] **Lorensbergsteatern,** Berzeliigatan 4, www.lorensbergsteatern.se, Tel. 031 7086200, Kartenkasse öffnet zwei Stunden vor Veranstaltungen, telefonische Vorbestellung Di. 14–17 Uhr. Musicals, Stand-Up Comedy, Rock und Pop – im Lorensbergsteatern ist das Angebotsspektrum breit gefächert und für jeden dürfte etwas dabei sein, wobei die musikalischen Präsentationen eindeutig im Vordergrund stehen. In der Lorensbar kann man an den Veranstaltungstagen vor und nach der Show essen und trinken. Infos zum Programm telefonisch oder per Internet.

92 [L5] **Stora Teatern (Storan),** Kungsparken 1, Tel. 031 3683299 (Kartenkasse, Mo.–Fr. 12–18, Sa. 10–14 Uhr), http://storateatern.se. Auch wenn im Namen noch „Teater“ auftaucht, so ist das Storan heute vielmehr eine Konzerthalle mit historischem Flair. Künstler und Musiker verschiedenster Stil- und Musikrichtungen präsentieren hier ihre Fertigkeiten. Ein Blick auf die Internetpräsenz gibt Auskunft über kommende Interpreten, Bands und Orchester.

Der mit Abstand größte **Ticketbroker** für Konzerte und Veranstaltungen aller Art in Schweden ist die Firma Ticketmaster:

› www.ticketmaster.se

Kopfsteinpflaster, Kaffee und Kulinarisches im Viertel Haga 19

011gb Abb.: ld

Göteborg zum Stöbern und Shoppen

Ähnlich wie in den meisten anderen europäischen Großstädten ballt sich auch in Göteborg das Gros der Einkaufsmöglichkeiten im Innenstadtbereich. Bei einem Blick auf den Stadtplan kann man die Fußgängerzonen zentral lokalisieren: Ein Netz von Einkaufsstraßen, Passagen, Kaufhäusern und modernen Einkaufszentren durchzieht die Viertel **Inom Vallgraven** (innerhalb des Wallgrabens) und **Nordstaden** (Nordstadt). Zwischen den Achsen **Fredsgatan** [L4] im Osten und **Magasinsgatan** [K5] im Westen, zwischen dem Einkaufszentrum **Nordstan** (s. S. 73) im Nordosten und der südlichen **Södra Larmgatan** [K/L5] spielt sich die Einkaufsaktivität schwerpunktmäßig ab. Etwas weiter im Südwesten gelegen ist das durch Holzarchitektur geprägte Viertel **Haga** 19, das neben einem umfangreichen gastronomischen Angebot auch mit vielen ausgefallenen Boutiquen und kleinen, ungewöhnlichen Lädchen aufwarten kann.

Shoppingmeilen

Auf der und rund um die **Magasinsgatan** [K5], die nur wenige Minuten entfernt von den sonstigen Einkaufsepizentren der Fußgängerzone liegt, hat sich in den letzten Jahren eine alternative Szene gebildet. Ökologische Produkte für Haus und Körper, aber auch Biorestaurants findet man hier. Daneben haben sich auch Geschäfte aus den Bereichen Mode, Design und Interieur angesiedelt.

Die **Haga Nygata** [J/K6] (und die umgebenden Straßen und Gassen) ist eine Einkaufsmeile mit dem historischen Flair des 17. Jahrhunderts:

Geschäfte, Boutiquen und Cafés bestimmen das Bild des ältesten Stadtteils von Göteborg, der Einheimische wie Besucher gleichermaßen in den Shoppingbann zieht. Kleine, oft vom Besitzer noch selbst geführte Geschäfte oder urige Handwerks- und Schmuckläden reihen sich aneinander. Die großen Kaufhaus- und Bekleidungsketten haben sich hier (zum Glück) noch nicht niedergelassen. Dafür findet man Exotisches und Ausgefallenes, ohne tief graben zu müssen. Ungewöhnliche Designprodukte, mutige Mode oder kulinarische Delikatessen runden das Angebot in Haga ab. Bei schönem Wetter bietet sich auch ein Cafébesuch unter freiem Himmel an, um die Füße mal zu entlasten oder die anderen Flaneure zu beobachten.

› Südlich des Rosenlundkanals gelegen, erreicht man das Viertel zu Fuß oder per Straßenbahnlinien 1, 3, 6, 9 oder 11, Haltestellen: Hagakyrkan bzw. Järntorget.

Die **Kungsportsavenyn** ⑮, die insbesondere für ihr Nachtleben berühmt (und berüchtigt) ist, hat auch im Bereich Einkauf einiges zu bieten. Aufgrund der exklusiven Lage und den damit einhergehenden Ladenmieten sind hier insbesondere exklusivere Boutiquen und Spezialgeschäfte zu finden. Ob es eine neue Golfausrüstung, internationale Bekleidungslabels, exquisite Uhren oder Designermöbel sein sollen – alles ist in der Avenyn zu haben. Daneben haben sich aber – nicht zuletzt dank der Touristenströme – auch Souvenirbüdchen und kleine Andenkenläden etablieren können.

Wer einmal jenseits der bekannten und großen Marken shoppen möchte, sollte sich in das Viertel westlich des Järntorgets begeben. Zwischen den vier parallel verlaufenden **Långgatorna**, die von 1 bis 4 durchnummeriert sind (Första, Andra, Tredje und Fjärde), haben sich alternativ orientierte Läden und eine eher studentisch geprägte Gastokultur angesiedelt – abwechslungsreich und zumeist preiswerter als in den etablierten, klassischen Einkaufsmeilen.

Shoppingareale

Die wichtigsten Shoppingbereiche der Stadt sind im Kartenmaterial mit einer rötlichen Fläche markiert.

Einkaufszentren

93 [K5] **Antikhallarna,** Västra Hamngatan 6, Tel. 031 7741525, www.antikhallarna.se, Mo.–Fr. 7.30–18.15, Sa. 8.30–17 Uhr (die einzelnen Geschäfte haben teilweise abweichende Öffnungszeiten). Für Liebhaber alter Schätzchen sind die Antikhallen ein Anlaufpunkt, den sie nicht verpassen sollten. Auf zwei Etagen werden in diversen kleinen Lädchen Antiquitäten von A bis Z angeboten. Ob Möbel, Glas, Porzellan, Münzen, Briefmarken, Comics, Uhren, Kronleuchter oder historische Korsetts – hier gibt es nichts, was es nicht gibt. Auch wer nichts kaufen möchte, sollte einmal durch das 1905 eröffnete Gebäude flanieren: Allein der Anblick von Stuck, klassischen Kronleuchtern und Jugendstilverzierungen lohnt definitiv einen Besuch. Im Erdgeschoss findet man mit dem Latteria Kaffesalong ein exquisite Möglichkeit, eine Pause einzulegen.

94 [L4] **Arkaden,** Fredsgatan 1, Tel. 031 7434219, http://arkadengalleria.se, Mo.–Fr. 10–20, Sa. 10–18, So. 11–17 Uhr. Eines der Shoppingzentren für moderne Fashionistas: rund 20 Geschäfte mit dem Fokus auf Mode

und Inneneinrichtung, aber auch Cafés zum Pausieren.

95 [L4] **NK (Nordiska Kompaniet),** Östra Hamngatan 42, Tel. 031 7101000, www.nk.se, Mo.–Fr. 10–19, Sa. 10–18, So. 11–16 Uhr. Die Nordiska Kompaniet ist mit ihren zwei Shoppingpalästen in Stockholm und Göteborg sicherlich der Maßstab für die Konkurrenz. Welt- und schwedische Topmarken sind in gediegenem Ambiente unter einem Dach vereint. Im *Rea* („Ausverkauf") kann man aber auch hier manchmal preiswert edle Waren erstehen.

96 [L4] **Nordstan,** www.nordstan.se, Mo.–Fr. 10–20, Sa., So. 10–18 Uhr. Nordstan ist das größte Einkaufszentrum der Göteborger Innenstadt. Über 200 Kaufhäuser, Geschäfte und Restaurants unter einem Dach bieten das gesamte Einkaufsspektrum einer modernen Großstadt. Hier ist man vor schlechtem Wetter geschützt und kann unbehelligt von Regen und Schnee von Geschäft zu Geschäft ziehen. Ein angeschlossenes Großparkhaus mit 2700 Parkplätzen kümmert sich um die Autos.

Die Galerie in den Antikhallarna bietet einen guten Überblick

Mode

97 [J6] **Butik Kubik**, Linnégatan 6, Tel. 073 9878679, https://butikkubik.se, Di.–Fr. 11–14, 14.30–18, Sa. 11–16 Uhr. Ausgesprochen farbenfrohe Damenmode mit einer Prise Retro-Charme kann man in der Butik erstehen. Im Gegensatz zu den großen Textilketten setzt das urige Eckgeschäft auf handwerklich hergestellte Kleinserien, die nachhaltig und lokal produziert werden.

98 [L5] **Filippa K,** Södra Larmgatan 11, Tel. 031 3391520, www.filippa-k.com, Mo.–Fr. 11–18, Sa. 11–17, So. 12–16 Uhr. Zeitlose Designermode für den Alltag ist das Identitätsmerkmal der schwedischen Weltmarke Filippa K, die selbstverständlich auch in Göteborg präsent ist. Minimalistischer skandinavischer Schick, der für Damen und Herren entworfen wird, prägt die Kollektionen, deren Preise bezahlbar sind, jedoch deutlich oberhalb von H & M rangieren.

99 [K5] **Grandpa,** Vallgatan 3, Tel. 010 5164480, www.grandpastore.se/sv/butik-vallgatan, Mo.–Fr. 11–18, Sa. 11–17, So. 12–16 Uhr. Beim „Großvater" steht individuelle Mode, sowohl für Damen als auch für Herren, im Fokus. Der Stil ist dabei – je nach Modestück – zwischen Zeitgeist, Retro und zeitlos angesiedelt. Neben Textilien findet man im breit gefächerten Fundus des Grandpa auch geschmackvolle Gegenstände des alltäglichen Gebrauchs wie Schreibwaren, Küchenutensilien oder Poster. Toll zum Herumstöbern.

Kunsthandwerk, Design, Accessoires

100 [L1] **Made in Ringön**, Ringögatan 13, Tel. 031 414041, https://made-in-ringon.myshopify.com, Mo., Di. 12–16, Mi.–Fr. 12–18, Sa. 11–15 Uhr. Diese Verkaufsstelle findet man nicht einfach durch Zufall: Auf der nördlichen Flussseite, mitten in einem großflächigen Gewerbegebiet gelegen, werden hier ausgesprochen ungewöhnliche Produkte vertrieben. Das Spektrum reicht von handgefertigten Fahrrädern und individualisierten Motorrollern über Kunstwerke bis hin zu lokal produzierten Textilien, die in der hauseigenen Druckerei mit Motiven versehen werden.

101 [L5] **Rum för Papper**, Vallgatan 19 (in der Victoriapassage), Tel. 031 7113400, https://rumforpapper.se, Mo.–Fr. 10–18, Sa. 11–16 Uhr. Das Angebot im „Raum für Papier" ist inhaltlich ganz weit weg von den großen Ketten für Büroartikel. Statt Massenware kann man hier individuelle, stilvolle und praktische Lösungen für Aktivitäten finden, die mit Schreiben, Grafik und Malen zu tun haben. Die drei Besitzerinnen helfen dabei gerne mit viel Kompetenz und fast noch mehr Herzblut.

102 [K5] **Vallgatan 12**, Vallgatan 12, Tel. 076 3361704, www.vallgatan12.se, Mo.–Fr. 10–18, Sa. 10–17, So. 12–16 Uhr. Hinter der schlichten Fassade der Vallgatan 12 verbirgt sich ein Concept Store mit einer Vielzahl an Verkaufsstellen, die sich auf über 1000 m² verteilen. Das Angebot dreht sich dabei um Lifestyle, Mode und Design und wird von einem Restaurant/Café im gleichen Komplex abgerundet.

Delikatessen

103 [K5] **Berzelii Choklad**, Magasinsgatan 12, Tel. 031 7781660, www.berzelii.com, Mo.–Fr. 10–18, Sa. 11–17 Uhr. Schokolade, Schokolade und nochmals Schokolade wird im Berzelii feilgeboten. Die hauseigenen Kreationen können zum Mitnehmen erstanden werden oder man genießt die Köstlichkeiten direkt vor Ort und trinkt dazu einen erstklassigen Kaffee.

104 [K4] **Göteborgs Choklad & Karamell Fabrik**, Postgatan 6, Tel. 031 3319496, https://goteborgschoklad.se, Mo.–Fr. 11–17, Sa. 11–16 Uhr. Das absolute Gros der köstlichen Süßwaren stellt die kleine Manufaktur selber her – klassische Supermarktwaren findet man deshalb nicht in dem urigen, kleinen Lädchen. Handarbeit ist nicht ganz preiswert, jedoch erhält man beim Kauf mehrerer Tütchen oft Mengenrabatt.

105 [J7] **Vera & Ruth – Smakfulla Delikatesser**, Linnégatan 32, Tel. 031 241212, www.veraochruth.se, Mo.–Fr. 10–19, Sa. 10–16 Uhr. Ob für den direkten Verzehr oder als Mitbringsel für Zuhause: Bei Vera und Ruth findet man für (fast) jeden Feinschmeckergaumen etwas Passendes. Egal ob Schokospezialitäten, Schinken oder Marmeladen – das Angebot ist reichhaltig und oftmals lokal produziert. Freunde besonderer Käsespezialitäten sollten dem kleinen Laden direkt unter den Linnéterrassen (s. S. 55) definitiv einen Besuch abstatten.

Schweden-Souvenirs

106 [K6] **Haga of Sweden**, Haga Nygata 14, Tel. 073 9484781, www.hagasweden.se, Mo.–Fr. 11–18, Sa. 11–16, So. 11–15 Uhr. Alles, was das Touristenherz erfreut: Vom Kühlschrankmagneten mit Göteborglogo bis zum Dalapferd ist hier alles zu moderaten Preisen zu haben.

076gb Abb.: ld

Flohmärkte

107 [G10] **Bagageloppis,** Slottsskogsgatan 113, am südlichen Ende des Slottsskogen gelegen, www.bagageloppis.se, an diversen Wochenenden zwischen April und Okt. 11–15 Uhr. Unter freiem Himmel, direkt aus dem Autokofferraum (so der Name des Flohmarkts!) heraus, wird hier von Antiquitäten bis Schund alles verkauft. Von der Innenstadt aus bequem per Straßenbahn erreichbar: Linien 1, 2, 7 und 8 bis Haltestelle Botaniska Trädgården, von dort knapp 10 Min. zu Fuß.

108 Kvibergsmarknad, nördlich außerhalb der Innenstadt gelegen, Straßenbahnlinien 6, 7 und 11, Haltestelle Kviberg, www.kvibergsmarknad.se, Tel. 031 261637, Sa., So. 9–15 Uhr. In der ehemaligen Kasernenanlage Kviberg tummelt sich am Wochenende die Flohmarktszene. Antike Schätzchen, kulinarische Spezialitäten aus aller Welt und Secondhandmode wechseln hier den Besitzer. Die alten Militärgebäude sind schön restauriert und auch ohne echtes Kaufinteresse lohnt ein Besuch.

Im Viertel Haga findet jeder Kauflustige etwas Passendes

Göteborg zum Durchatmen

Gerade in lebendigen und brodelnden Metropolen sucht man gern mal für einige Stunden Orte auf, die Ruhe und Entspannung versprechen. Auch in Göteborg gibt es einige Oasen der Ruhe. Manche davon sind zentral gelegen, andere hingegen liegen eher in der Peripherie der Stadt.

Mitten in der Stadt gelegen ist der **Kungsparken** (Königspark) [L5], der direkt an den historischen Wassergraben der Stadt grenzt, kaum zu übersehen. Vor über 150 Jahren wurde er als prächtiger Park angelegt und noch heute ist er bei den Göteborgern sehr beliebt. Im Sommer tummeln sich hier Jung und Alt auf den einladenden Wiesen und unter den Schatten spendenden Laubbäumen. Studenten verbringen die Pausen zwischen den Seminaren oder gerne auch mal Pause und Seminar im Kungsparken, Touristen lassen sich mit den Köstlichkeiten, die sie eben frisch in der Stora Saluhallen gekauft haben, zum Picknick nieder.

Direkt neben dem Kungsparken gelegen und genauso als Rückzugsort geeignet, ist der großzügig angelegte Trädgårds Föreningens Park 16.

Ruhe und eine tolle Aussicht garantiert der Besuch der Festungsanlage **Skansen Kronan** 20. Durch den Skansenparken schlängelt sich der Weg hoch auf den Burgberg – vielen ist der steile Aufstieg zu anstrengend, deshalb kann man oft ganz allein den Blick über die Stadt genießen.

Eine grüne, oft übersehene Ruheoase mitten in der trubeligen Großstadt ist der **Renströmsparken** [N7], der sich nur wenige Meter hinter dem Götaplatsen (in südöstlicher Richtung) versteckt. Einige Bänke mit Blick auf den zentralen Seerosenteich laden zum Innehalten oder zur kleinen Picknickpause ein.

Zum einen vielfältige Freizeitmöglichkeiten, zum anderen aber auch ganz viel Natur und Ruhe bietet der **Slottsskogen** 23. Der „Schlosswald", der sich über 137 Hektar erstreckt, ist ein sehr schönes Naherholungsgebiet, dass sowohl von den Götebor-

MEIN TIPP

Köstliche Kaffeepause – etwas abseits

Das viele Herumlaufen in der Stadt macht bekanntlich müde. Als perfekter, kleiner Ort zum Ausspannen bietet sich die atmosphärische **Viktoriapassage,** zwischen Vallgatan und Södra Larmgatan gelegen, an. Das Café da Matteo ist eine ruhige Oase, in der köstliche Kaffeespezialitäten serviert werden. Einfach mal ausprobieren!

109 [L5] **da Matteo,** Södra Larmgatan 14, Tel. 31 3803310, www.damatteo.se, Mo.–Fr. 8–18, Sa. 10–17, So. 11–17 Uhr. Wem der Kaffeegenuss nicht genug ist, der kann im da Matteo sogar Kurse in Kaffeekunde belegen. Infos dazu an der Kaffeetheke.

Bootsausflüge

Göteborg hat das maritime Privileg, nicht nur einen Fluss, sondern auch noch das Meer vor der Haustür zu haben. Neben den Touren in den südlichen Schärengarten, der Flussfähre „Älvsnabben" (s. S. 126), den Stadtrundfahrten mit den Paddan-Booten (s. S. 20) und der Überfahrt zur Nya Älvsborg Fästning 25 gibt es noch weitere **nautische Abenteuer** zu erleben.

Eine ruhige und besinnliche Bootsfahrt auf dem Fluss **Säveån** – man kommt dabei auf ruhigen Wasserwegen raus aus dem Trubel der Innenstadt – kann man in den **Paddan-Booten** genießen. Die zweistündige Tour wird nur in der Sommerperiode von Ende Mai bis Ende September angeboten und kostet ab 360 Skr (Führung auf Schwedisch und Englisch). Die Schiffchen legen, wie die regulären Paddan-Boote, am Kungsportsplatsen ab/an. Zu Abfahrtszeiten und sonstigen Details ganz einfach am Anleger fragen oder im Internet unter www.stromma.se nachschauen.

Von Mitte April bis Ende September kann man sich auf eine **Minikreuzfahrt rund um die Insel Hisingen** begeben, die die viertgrößte Insel Schwedens ist und den Norden Göteborgs bildet. Dabei sieht man viel von den großflächigen Hafenanlagen aber auch die ruhigeren Wasserläufe der Stadt. Der Fahrpreis für vier Stunden auf dem Wasser beträgt ab 345 Skr. Für eine **gemütliche Schärenrundfahrt** (2½ Std. Dauer) mit schwedischen und englischen Erläuterungen muss man ab 395 Skr auf den Tisch des Hauses legen. Die Tour beginnt im Jachthafen von Lilla Bommen an der Oper. Dort gibt es auch die detaillierten Informationen der Strömma Reederei sowie unter www.stromma.se.

In der **Vorweihnachtszeit** bietet die Strömma Reederei auch gediegene Bootsfahrten im Schärengarten an. Dabei sind die Ausflugsdampfer festlich geschmückt und das inkludierte Festmenü lässt nichts zu wünschen übrig. Die Preise für die dreistündigen **Schlemmercruises** beginnen bei 830 Skr. Andere Bootsausflüge mit kulinarischem Rahmenprogramm finden das ganze Jahr statt – Infos gibt es auf der Website der Reederei.

Ebenfalls einen bunten Strauß an Bootstouren durch und rund um Göteborg bietet die Reederei Skärgårdslinjen an. Dabei gibt es **Partyausflüge** mit Tanz und Gesang oder mit Krabben und Meeresfrüchten. Start- und Endpunkt der „M/S Trubaduren", dem Flaggschiff der Skärgårdslinjen, ist ebenfalls der zentrale Hafen von Lilla Bommen, genau neben dem Großsegler „Barken Viking". Genauere Infos erhält man unter www.skargardslinjen.se.

Bootsfahrten der besonderen Art kann man mit der **„Bohuslän"** machen. Es ist das letzte **Original-Dampfschiff,** das an Schwedens Westküste verkehrt. In Göteborg 1914 gebaut, sollte es, da nicht mehr konkurrenzfähig zu Bussen und Lkws, 1965 verschrottet werden. Dank einiger Dampfschiff-Enthusiasten wurde die „Bohuslän" jedoch gerettet und komplett restauriert. Jeden Sommer (Juni bis Aug.) werden diverse Touren angeboten, die schwerpunktmäßig die Küste nördlich von Göteborg erkunden. Die Routen sind mit viel Liebe erstellt, wiederholen sich kaum und bieten ein echtes Kontrastprogramm zu den herkömmlichen Angeboten. Oft ist man dabei einen ganzen Tag unterwegs wie beispielsweise von Göteborg bis nach Lysekil (acht Stunden Fahrzeit inkl. Landgängen) und von dort per Bus zurück nach Göteborg (zwei Stunden Fahrzeit). Die Oldtimer-Enthusiasten bieten in der warmen Jahreszeit auch kleinere Hafentouren mit der „Färjan 4" an, einer Personenfähre aus dem Jahr 1920. Aktuelle Infos unter www.steamboat.se.

⊻ *Der Dampfer Bohuslän fest vertäut am Stenpiren*

101gb Abb.: ©Gunnar E Nilsen, stock.adobe.com

gern als auch von den Besuchern der Stadt gern genutzt wird.

Das **Ruddalen**, einige Kilometer südlich der Innenstadt gelegen, ist gleichzeitig „Freiluftfitnesszentrum" wie auch Erkundungsgebiet für Naturliebhaber. In dem riesigen Areal finden sich diverse Sportarenen, aber auch **Wander- und Joggingrouten.** Eine besonders populäre Strecke ist der 2½ Kilometer lange *Naturstig Slottsbergsslingan* (rote Markierung), der interessierten Besuchern auf Tafeln die sie umgebende Flora und Fauna erklärt. Ob neugieriger Großstadtmensch oder fachkundiger Ornithologe – im Ruddalen kann man nicht nur die Seele baumeln lassen, sondern auch noch sein Naturwissen vertiefen.

› **Anreise:** Mit den Straßenbahnlinien 1 oder 7 ab Brunnsparken (im Zentrum) Richtung Tynnered fahren. Ausstieg nach circa 20 Minuten an der Haltestelle Musikvägen. Von dort dem Musikvägen Richtung Nordwesten ca. 500 Meter bis zum Ruddalen-Park folgen.

Der **Sörhallsberget,** am nördlichen Ufer des Göta älv zwischen den Stadtvierteln Eriksberg und Lindholmen gelegen, ist ein Park, der sich über einen hohen Felsen direkt am Flussufer erstreckt. Bis in die 1970er-Jahre war er teilweise mit Wohnhäusern bebaut, die aber einer geplanten Erweiterung der Eriksbergwerft weichen mussten. Aus ökonomischen Gründen kam es aber nicht zum Werftausbau und aus dem geräumten Areal wurde stattdessen ein bergiger „Felsenpark". Von drei Seiten aus ist der Park auf gut ausgebauten Fußwegen zu erklimmen und bietet von oben einen fantastischen Ausblick auf den Göta älv und die Stadt Göteborg.

› **Anreise:** Mit der Fähre „Älvsnabben" erreicht man den Park vom Stadtzentrum aus am einfachsten. Von den Anlegern „Slottsberget" oder „Eriksberg Färjeläge" sind es nur wenige Gehminuten.

Der Sörhallsberget bietet Ruhe und tolle Aussicht

077gb Abb.: ld

Zur richtigen Zeit am richtigen Ort

Besondere Veranstaltungen locken rund ums Jahr Besucher nach Göteborg. Herausragend sind folgende:

Frühling/Sommer

- **Mitte Juni** wird der Bältespännerparken, gegenüber dem Stora Teatern gelegen, für eine Woche in „Regenbogenpark" umbenannt. Beim **Westpride-Festival** feiert sich die LGBT-Gemeinde ausgelassen und es kann bei den „drop in-vigslar" sogar spontan geheiratet werden. Nähere Infos unter http://westpride.se.
- **Mitte Juli** wird der **Gothia Cup,** das größte Jugendfußballturnier der Welt für Jungen und Mädchen ausgetragen. Etwa 1700 Mannschaften, 80 Nationen, 4500 Spiele und 110 Fußballplätze ... Alljährlich pilgern über 40.000 Teilnehmer nach Göteborg, um an diesem gigantischen Ereignis teilzunehmen. Auch als Zuschauer ein absolut lohnendes Ereignis. Infos unter https://gothiacup.se.
- Das dreitägige **„Way Out West"-Festival** wird alljährlich im Slottsskogen abgehalten. **Mitte August** rocken nationale und internationale Bands und Interpreten die Bühne. Termine, Line-Up und Preise unter www.wayoutwest.se.
- **Mitte bis Ende August,** jedoch nur in geraden Jahren, findet das Göteborg

Schwedische Feiertage

- **1. Januar** – *Nyårsdagen* (Neujahr)
- **6. Januar** – *Trettondagen* (Dreikönigstag)
- *Långfredag* (Karfreitag)
- *Påskdagen* (Ostersonntag)
- *Annandag påsk* (Ostermontag)
- **1. Mai** – *Första maj/Valborg:* Wird in Schweden ähnlich begangen wie in Deutschland. Gerade Studenten haben vielfältige Traditionen, den *Valborgsmässoafton* oder *Sista April* (Tanz in den Mai) zu begehen. Oft beginnen die Feierlichkeiten schon am Morgen des 30. April.
- **6. Juni** – *Svenska flaggans dag* (Tag der schwedischen Flagge/Nationalfeiertag): Die Schweden erinnern sich an die Wahl Gustav Wasas im Jahr 1523 zum schwedischen König und damit an die finale staatliche Unabhängigkeit von der dänischen Oberherrschaft.
- *Kristi himmelfärdsdag* (Christi Himmelfahrt)
- *Pingstdagen* (Pfingstmontag)
- *Midsommarafton* (Mittsommer): Wechselndes Datum; liegt immer auf einem Freitag zwischen dem 19. und 25. Juni.

Am Midsommarafton – ein Quasi-Feiertag – treffen die Schweden sich mit Familie und Freunden und tanzen um die *midsommarstång* (ähnlich Maibaum), die vorher jedoch aufgerichtet werden muss. Dabei wird zünftig gegessen und getrunken. Der darauffolgende Midsommardagen dient daher üblicherweise der allgemeinen Rekonvaleszenz und viele Geschäfte und Restaurants haben geschlossen.

- *Alla helgons dag* (Allerheiligen)
- **13. Dezember** – *Luciadagen* (Lucia-Fest): Zwar kein offizieller Feiertag, aber in vielen Schulen und Betrieben wird mit Kerzenlicht der heiligen Lucia gedacht. Dabei werden oft *Pepparkakor* (Pfeffer- oder Lebkuchen) und *Glögg* (Glühwein) gereicht.
- **24. Dezember** – *Julafton* (Heiligabend): Ähnlich wie in Deutschland kein offizieller, sondern nur ein „Quasi-Feiertag".
- **25. Dezember** – *Juldagen* (1. Weihnachtsfeiertag)
- **26. Dezember** – *Annandag jul* (2. Weihnachtsfeiertag)
- **31. Dezember** – *Nyårsafton* (Silvester)

Dans & Teater Festival statt, ein zehntägiges Tanzereignis. Details zum Programm findet man im Internet auf der Website www.gdtf.se.

› **Ende August/Anf. September** wird für mehrere Tage das **Kulturkalaset** begangen. Eines der größten Stadtfeste Schwedens, bei dem alle Vorführungen für Hunderttausende Besucher kostenfrei sind, breitet sich in der gesamten Göteborger Innenstadt aus. Auf einem Dutzend Bühnen gibt es Kulturelles aus allen Richtungen mit dem Hauptaugenmerk auf musikalischer Unterhaltung. Das detaillierte Programm ist in der Touristeninfo oder unter http://goteborgs kulturkalas.se erhältlich.

Herbst/Winter

› **In den Herbstmonaten September bis November** findet – immer in ungeraden Jahren – die mehrwöchige **Internationale Kunstbiennale** statt. An verschiedenen Ausstellungs- und Veranstaltungsorten im Stadtgebiet verteilt präsentieren diverse Künstler ihre Arbeiten aus allen erdenklichen Bereichen wie beispielsweise Malerei, Bildhauerei, Fotografie, Theater, Vortrag, Film, Musik ... Inhaltlich gibt es bei jeder Biennale einen anderen Schwerpunkt. 2023 lief das Festival unter dem Motto „forms of the surrounding futures". Informationen dazu unter www.gibca.se.

› **Mitte November bis 23. Dezember:** Der **Weihnachtsmarkt im Vergnügungspark Liseberg** ist ein einmaliges Erlebnis. Über fünf Millionen Lichter bringen bei zumeist knackig kalten Temperaturen die Besucher in Weihnachtsstimmung. Der größte Weihnachtsmarkt Schwedens bietet schwedische Spezialitäten, tolle Geschenkideen und weihnachtliche Musik. Oder man dreht auf der Eisbahn flugs eine Runde auf Kufen. Zum Programm geht es unter www.liseberg.se.

› Ebenfalls von **Mitte November bis zum 23. Dezember** wird der **Innenstadt-Weihnachtsmarkt** aufgebaut, der auf jeden Fall einen Besuch lohnt. Der Prachtboulevard Avenyn (15) ist weihnachtlich illuminiert und man kann sich guter Dinge auf einen über 2 km langen Weihnachtsspaziergang vom Götaplatsen (14) bis zum Hafen Lilla Bommen begeben.

› Alljährlich **Anfang Januar** findet der **Göteborg Ishockey Cup** statt. Er ist das weltgrößte Eishockeyturnier für die Altersklasse U 14. Weitergehende Infos unter www.gbgif.se.

› **Anfang Januar** treffen beim **Gothia Innebandy Cup** ca. 400 Mannschaften aufeinander – wieder ein Weltrekord: das größte Innebandyturnier auf dem Globus – und spielen den Sieger aus. Innebandy ist eine Sportart, die in Mitteleuropa weitgehend unbekannt ist, in Skandinavien aber große Wertschätzung genießt. Als deutsche Beschreibung würde wohl der Begriff „Hallenhockey" am ehesten zutreffend sein. Unter https://gothiainnebandycup.se kann man nähere Infos bekommen.

› Beginnend in der **letzten Januarwoche** wird für zehn Tage das **Göteborg Film Festival,** eines der größten Filmfestivals Nordeuropas, zelebriert. 2024 wurden in 700 Vorstellungen 240 neue Filme gezeigt. Mit über 270.000 Besuchern (2024) ist das Festival nicht nur ein großer Publikumserfolg, sondern auch ein gewichtiger Treffpunkt der Filmschaffenden Skandinaviens. Programminfos sind unter https://goteborgfilmfestival.se zu finden.

› Die **Göteborg Horse Show Ende Februar** ist der Jahreshöhepunkt für Freunde des Pferdesports. Alles, was international Rang und Namen hat, pilgert zu dem Ereignis in die überdachte Veranstaltungsarena Scandinavium. Details kann man unter www.goteborghorseshow.se abfragen.

GÖTEBORG VERSTEHEN

003gb Abb.: ld

Göteborg – ein Porträt

Bereits bei einem ersten Blick auf den Stadtplan Göteborgs wird deutlich, dass die Macht des Wassers einen erheblichen Anteil an Stadtbild und Stadtleben hat: der mächtige Fluss Göta älv, der die Lebensader der Stadt ist, die Kanäle und Gräben, die sich durch die Innenstadt schlängeln und genau vor der Haustür die gewaltige Nordsee, die in den Herbst- und Wintermonaten gern ihre Muskeln spielen lässt.

Seit der Gründerzeit stellt der Hafen den **ökonomischen Antriebsmotor der Stadt** dar, gleichzeitig beeinflusst er aber auch die Bewohner und ihre Mentalität. Von den Anfängen mit einem bescheidenen Warenaustausch und einem winzigen Fischereihafen über die Hochzeit der Schwedischen Ostindienkompanie, das Werftensterben der 1970er-Jahre bis hinein in den modernen Container- und Passagierverkehr des beginnenden dritten Millenniums war und ist der Hafen unbestreitbar das Herzstück der urbanen Entwicklung.

Mit dem Ölterminal in Torshamn und den zwei nahe gelegenen Raffinerien (von insgesamt dreien in ganz Schweden) sowie dem Containerhafen Skandiahamn verfügt Göteborg über den **größten Hafen Skandinaviens.** Jährlich werden ca. 36 Millionen Tonnen Waren umgeschlagen, was knapp einem Drittel des schwedischen Außenhandels entspricht. Und jeder zweite Container im Im- oder Export durchläuft den Port of Gothenburg. Zusätzlich zu den Waren werden pro Jahr noch 1,5 Millionen Fährpassagiere gezählt, die entweder mit den lokalen Booten oder den internationalen Großfähren befördert werden.

Neben dem imposanten Hafen kann Göteborg aber auch mit wei-

Vorseite: Drei Wahrzeichen – Troubadour Evert Taube (s. S. 50), Windjammer „Barken Viking“ (s. S. 120) und der „Lippenstift“ 1

Der Göteborger Hafen bei Nacht

teren **statistischen Zahlen** aufwarten, die beeindrucken: Auf jeden der 605.000 Göteborger kommen 150 Quadratmeter Grünfläche, auf den elf Straßenbahnlinien verkehren 263 Straßenbahnwagen, die 60.000 Studenten der Stadt verteilen sich auf zwei Universitäten, sieben Paddan-Ausflugsboote (s. S. 20) unterqueren 20 Innenstadtbrücken und die 50.000 Stadtbäume werden ergänzt durch 2500 Rosen im Rosarium der Trägårdsföreningen. Und innerhalb eines Radius von 30 Autominuten kann man auf 19(!) Golfplätzen das Eisen schwingen.

Administrativ ist Göteborg in **21 Stadtbezirke** aufgeteilt, die sich, wie das Stadtzentrum – südlich und nördlich des Götaflusses gruppieren, wobei im nördlichen Bereich Gewerbegebiete und Wohnviertel den Schwerpunkt bilden. Das ursprüngliche Stadtgebiet ist auch heute noch gut auszumachen, da es von den ehemaligen Befestigungbastionen und dem davor liegenden Wassergraben umschlossen ist. Hier finden Besucher auch die größte Dichte an historischer Bausubstanz, die teilweise bis ins 17. Jahrhundert zurückreicht. Zwischen dem Stora Hamnkanal und den südlich davon gelegenen Wassergräben befinden sich diverse **Fußgängerzonen** mit unzähligen Geschäften und Cafés. Östlich der Östra Hamngatan finden sich mehrere Einkaufspassagen wie Nordstan, Arkaden oder Kompassen, die sich bei schlechtem Wetter ideal zum Zeitvertreib anbieten.

Göteborg in Zahlen

- **Gegründet:** 1621
- **Einwohner:** 605.000 (Großraum: 1.080.000)
- **Fläche:** 230 km² (Großraum: 3700 km²)

Außerhalb des Wallgrabens liegen in westöstlicher Richtung die Quartiere Haga (19), Annedal, Vasastaden, Lorensberg und Johanneberg. Die Viertel weisen keine homogene Struktur auf, sondern werden angenehm heterogen genutzt. So kommt es zu keinen wie auch immer gearteten

023gb Abb.: ld

„Monokulturen“ als reine Gastronomie-, Gewerbe- oder Wohnviertel.

Jenseits dieses grob skizzierten Innenstadtareals schließen sich Wohnquartiere und Naherholungsgebiete wie das Ruddalen-Gebiet, der Slottsskogsparken, der Botanische Garten oder die Seenlandschaft rund um den Stora Delsjön an. Dank des ausgezeichneten Nahverkehrs mit dem **Straßenbahnnetz** als Rückgrat erreicht man vom Zentrum aus auch die Vorstädte oder Grünanlagen problemlos in weniger als 30 Minuten.

Länger dauert auch die Fahrt ans offene Meer nicht. Die Straßenbahnlinie 11 fährt direkt nach Saltholmen und einen Steinwurf von der Endhaltestelle entfernt legen die Fähren in den Schärengarten ab. Besonders an warmen Wochenenden zieht es auch zahlreiche Göteborger raus aus der Stadt, um in der **Inselwelt des Schärengartens** die Sommerfrische zu genießen.

Von den Anfängen bis zur Gegenwart

Obwohl Göteborgs Stadtgeschichte gerade einmal 400 Jahre zurückreicht, hat sich in den vier Jahrhunderten viel getan und massive Veränderungen – insbesondere in den letzten Dekaden – haben das Bild der Stadt nachhaltig geprägt. Aus dem verschlafenen Nest an der Mündung des Göta älvs wurde im 20. Jahrhundert der größte und bedeutendste Hafen Skandinaviens.

13. Jahrhundert: Es entstehen – so wird es in historischen Quellen belegt – in der Gegend des heutigen Göteborg erste schwedische Siedlungen. Zuvor beherrschte Dänemark den gesamten Küstenstreifen. Erstmalig erhalten die schwedischen Regionen im Osten somit einen direkten Zugang zum Kattegat.

15. und 16. Jahrhundert: Die schwedischen Küstenansiedlungen werden immer wieder von den dänischen Herrschern angegriffen, erobert und oftmals bis auf die Grundmauern niedergebrannt.

1619: Gustav II. Adolf beschließt auf Schloss Älvsborg – heute kann man die Ruinen des Schlosses im Kulturviertel Klippan direkt am Götafluss besichtigen – die Gründung einer Stadt mit dem Namen Göteborg.

1621: Zwei Jahre nach der Entscheidung zur Stadtgründung ist es soweit: Göteborg erhält die Stadtrechte und wird offiziell gegründet. Im gleichen Jahr wird in der jungen Stadt eine erste Kirche, die aber zeitgemäß noch aus Holz gefertigt wird, errichtet. Unter tatkräftiger Mithilfe holländischer Architekten und Ingenieure wird in den folgenden Dekaden auf dem schwammigen Untergrund am Göta älv ein Straßen- und Kanalnetz geplant und realisiert. Befestigungsanlagen rund um das Stadtzentrum sollen die schnell wachsende Handelsmetrople gegen äußere Feinde schützen.

Im 17. Jahrhundert lassen sich neben den Holländern auch viele Deutsche und Schotten in der neu gegründeten Stadt nieder. Ihr Einfluss auf die Geschicke der Stadt ist gewichtig und nachhaltig. Im Stadtrat sind die genannten Nationalitäten proportional vertreten: vier Schweden, drei Deutsche, drei Holländer und zwei Schotten.

1632: Nur elf Jahre nach der Stadtgründung nennen bereits 2000 Bewohner Göteborg ihre Heimat.

1650: In der Mündung des Göta älvs wird auf einer Felseninsel die Festung „Nya Älvsborg“ errichtet und sichert somit die Stadt und den bedeutenden Hafen von der Seeseite her ab.

1655: Das älteste noch existierende Gebäude der Stadt wird fertiggestellt. Noch heute kann man das ehemalige Militärdepot „Kronhuset" besichtigen.

1660: Karl X. Gustav stirbt in Göteborg. Sein erst vierjähriger Sohn wird im Kronhuset als Karl XI. Gustav zu seinem Nachfolger ernannt.

Ende des 17. Jh.: Die Handels- und Hafenstadt gewinnt massiv an Bedeutung. Die östlich von Göteborg gelegenen Gebiete sind auf den Göta älv als Transportweg angewiesen und übers Meer werden insbesondere Eisenerze und Holz exportiert.

Sprung ins 18. Jahrhundert: Die Stadt zählt 5000 Einwohner.

1731: Neben Fischfang und Export, den wichtigsten Einnahmequellen der Stadt, kommt ein weiterer gewichtiger Gewerbezweig hinzu. Die schwedische Ostindienkompanie wird gegründet und erhält das staatliche Monopol auf den gesamten Handel mit Fernost. Regelmäßig verkehrende Linienschiffe nach Asien – mit den Handelsschwerpunkten Indien und China – bringen in ihren Bäuchen Seide, Porzellan, Gewürze und Tee nach Göteborg. Auf großen Auktionen werden die Waren dann an Kaufleute aus ganz Europa weiterverkauft. Die Gewinnspannen sind gigantisch und der Wohlstand wächst rasant. Bis 1806 nehmen im Durchschnitt zwei Großsegler pro Jahr Kurs auf Fernost.

1750: In Göteborg leben ca. 10.000 Einwohner.

Oktober 1788: Erneut stehen dänische Truppen vor der Stadt und verlangen die bedingungslose Kapitulation. Mit Unterstützung des schwedischen Königs Gustav III., der umgehend persönlich nach Göteborg reist, wird die Stadt in kürzester Zeit massiv befestigt. Drei Kriegsschiffe eilen der bedrängten Stadt zur Hilfe und die Göteborger stehen geschlossen gegen die Dänen. Die Moral der Einwohner und die militärische Aufrüstung lassen den dänischen Oberbefehlshaber am Sieg zweifeln und schlussendlich nach wenigen Wochen die Belagerung abbrechen.

Um 1800: Der Jahrhundertwechsel führt zu vielen Veränderungen: Die Ostindienkompanie stellt ihren Handel nach Jahren sinkender Erträge ein und auch die Bedeutung des Heringsfangs sinkt merklich. Dank Napoleons Kontinentalblockade im Krieg gegen England gehört Göteborg zu den großen Krisengewinnern. Der englische Handel läuft fortan über Göteborg als Transithafen, um die englischen Güter so nach Kontinentaleuropa zu befördern. Viele britische Handelshäuser lassen sich in der Stadt nieder und prägen sprachlich und kulturell die wachsende Metropole. Diese Periode gibt Göteborg auch den bis heute gültigen Beinamen „Lilla London" – „Klein London".

1832: Nach 22 Jahren Bauzeit wird der Götakanal eröffnet und verbindet Göteborg mit Stockholm bzw. die Nordsee mit der Ostsee.

Mitte des 19. Jahrhunderts: Banken und Industriebetriebe siedeln sich in der Stadt an. Manufakturen in den Bereichen Tabak, Textil und Schiffsbau sind die Vorreiter und die Stadt boomt. Von 1800 bis 1900 verzehnfacht sich die Bevölkerung von 13.000 auf 130.000.

1833: Das Naturhistorische Museum wird eröffnet und ist heute das älteste Museum der Stadt.

1834: Nicht zuletzt wegen der katastrophalen hygienischen Bedingungen bricht in der sehr dicht bebauten Innenstadt eine Choleraepidemie aus, der 10 % der Bevölkerung zum Opfer fallen.

1840 bis 1850: Die drei dynamischen Werftbetriebe Götaverken, Lindholmen und Eriksberg werden gegründet, die über 120 Jahre lang das ökonomische Leben der Stadt mitbestimmen werden.

Um 1850: Göteborg ist sowohl größter Import- wie auch Exporthafen des Lan-

Der Götakanal – Schwedens Blaues Band

Eine nach damaligen Gesichtspunkten verrückte Idee spukte bereits viele Dekaden durch Intellektuellenkreise, bis sie Anfang des 19. Jh. in den Bereich des Möglichen rückte. Unter tatkräftiger Federführung des deutsch-schwedischen Aristokraten und Offiziers Baltzar von Platen (*1766 auf Rügen), der ein Faible für Kanalbauten besaß, nahm das Projekt dann an Fahrt auf. Die Idee, Stockholm und Göteborg mit einem Wasserweg direkt zu verbinden, war so brillant wie einfach. Ein Kanal, der die beiden riesigen schwedischen Binnenseen Vänern und Vättern als natürliche Wasserstraßen nutzte, würde die **Schiffsverbindung zwischen den zwei Metropolen um über 800 km verkürzen.** Der Umweg durch den dänisch kontrollierten Öresund entfiele und auch die Zollabgaben an das Kopenhagener Königshaus könnte man sich sparen. Der schwedische Reichstag ließ sich – nicht zuletzt aufgrund des militärischen Arguments der Möglichkeit eines schnellen Truppentransports von Ost nach West (oder umgekehrt) – überzeugen und stellte das immense Kapital dafür bereit.

Die **technische Herausforderung** eines solchen Kanalbaus war sehr groß und von Platen war Offizier, Adeliger, Politiker und Staatsmann, aber kein Bauingenieur. In dem Briten Thomas Telford, den er bei Forschungsreisen zum Thema Kanalbau in England kennengelernt hatte, fand er seinen technisch-genialen Gegenpart. Telford war der brillanteste Straßen-, Brücken- und Kanalbauer seiner Zeit und noch heute zeugen Dutzende Bauwerke, insbesondere im Vereinigten Königreich, von seiner Ingenieurskunst. Erstmalig wurden britische Dampfbagger eingesetzt, um den Kanalbau vorwärts zu treiben. Das Gros der Arbeit wurde jedoch manuell mit Holzspaten von fast 60.000 Soldaten geleistet. Insgesamt buddelten sie sich durch 190 km schwedisches Binnenland und schufen 58 Schleusen. Zusammen mit den natürlichen Wasserwegen hatte der Götakanal bei seiner Einweihung 1832 eine Gesamtlänge von 390 km. Baltzar von Platen hat die Fertigstellung seines Lebenswerks nicht mehr erlebt: Er starb 1829.

Die Bedeutung des Götakanals blieb insbesondere wegen des Aufkommens einer neuen Technik deutlich hinter den Erwartungen zurück. Die Eisenbahn war viel schneller als die behäbigen Boote des Götakanals und bereits 1862 bestand eine direkte Zugverbindung zwischen Stockholm und Göteborg. Einzig unverderbliche Massenware wie Holz, Kohle und Eisenerz wurde weiterhin über den Kanal befördert. Nach Jahren des (Fast-)Vergessens erlebte das wichtigste Wunderwerk Schwedens, von Lesern einer Tageszeitung 2007 dazu gewählt, eine Renaissance. In den 1970er-Jahren wurden mehr und mehr Touristen auf das Blaue Band aufmerksam und heute verkehren in der Sommersaison einige **Touristenboote zwischen Nord- und Ostsee.** Selbst das älteste Passagierschiff der Welt, die 1874 in Dienst gestellte „M/S Juno", verrichtet noch immer gemütlich seinen Dienst auf dem Götakanal. Auch die Reisegeschwindigkeit ist nicht schneller geworden: Heute noch benötigt ein Schiff für die 390 km fünf bis sieben und selbst in der Nebensaison noch drei bis vier Tage.

Detaillierte Informationen und Buchungsmöglichkeiten für Touren durch den Kanal findet man auf der Website www.gotakanal.se.

des und läuft allen Ostseehäfen Schwedens den Rang ab.

Zweite Hälfte des 19. Jh.: In Schweden beginnt eine bis dahin ungeahnte Auswanderungswelle in die Neue Welt. Innerhalb weniger Jahrzehnte wandern über eine Million Schweden in die Vereinigten Staaten aus. Dabei wird für die Auswanderer Göteborg zum Tor gen Westen. Über Großbritannien erreichen sie das Land der unbegrenzten Möglichkeiten.

1874: Die „Fiskekyrkan" (Fischkirche) wird eröffnet und der unhygienische Fischverkauf unter freiem Himmel hat ein Ende.

Anfang des 20. Jahrhunderts: Göteborgs Hafen wird zum größten Hafen Skandinaviens. Neben den Werften dominieren neue Branchen das ökonomische Leben.

1907: Eine kleine Manufaktur namens SKF (Svenska Kullagerfabriken, dt. Schwedische Kugellagerfabrik) wird gegründet, die innerhalb weniger Jahre zum Weltmarktführer aufsteigt. Mit 15 Mitarbeitern gestartet, ist die Größe der Belegschaft gegen Ende des Ersten Welkriegs bereits auf 12.000 Personen hochgeschnellt.

Im Ersten Weltkrieg: Obwohl neutral, gibt es auf schwedischer Seite viele Opfer des uneingeschränkten deutschen U-Boot-Krieges. 690 Seeleute auf 98 zivilen Handelsschiffen kommen ums Leben. Zur Erinnerung an sie wird 1933 neben dem Seefahrtsmuseum ein 62 m hoher Turm eingeweiht.

1920: 225.000 Menschen wohnen in der Stadt.

1927: Als Ableger der SKF wird auf der Insel Hisingen Volvo gegründet und noch im gleichen Jahr rollt als erstes Serienfahrzeug der ÖV4 vom Band. 2009 wird die Pkw-Sparte der Marke Volvo vom chinesischen Geely-Konzern übernommen. Lastkraftwagen und Busse werden jedoch weiterhin erfolgreich in Eigenregie produziert.

Im Zweiten Weltkrieg: Schweden erklärt seine Neutralität und das Land kann sich erfolgreich – wenn auch mit massiven Zugeständnissen an Nazi-Deutschland – aus allen Kampfhandlungen heraushalten.

Nach 1945: Göteborg boomt als Exporthafen: Überall im zerstörten Europa werden schwedische Produkte, insbesondere Eisen und Holz für den Bausektor benötigt. Und die schwedische Wirtschaft kann problemlos liefern, da die Infrastruktur und alle Fabrikationsanlagen den Krieg unbeschadet überstanden haben.

1950: 350.000 Menschen bevölkern die Stadt.

1958: Die Sportarena „Ullevi-Stadion" (vormals „Nya Ullevi") wird zur Fußball-WM fertiggestellt. Am 24. Juni besiegt die Gastgebermannschaft den amtierenden Weltmeister Deutschland im Halbfinale mit 3:1. Ganz Schweden steht Kopf.

1966: Olof Palme weiht die Älvsborgsbron ein, die die Hafeneinfahrt in 45 m Höhe überspannt. Damit hat Göteborg nach der Götaälvbron (1939) und dem Tingstadstunneln (Bauzeit 1961–68) die dritte feste Verbindung über den Göta älv.

1970er-Jahre: Trotz massiver staatlicher Hilfen endet die große Zeit der schwedischen Werften. Überkapazitäten, Konkurrenz aus Japan und Korea und die Ölkrise 1973/1974 besiegeln das Ende des industriellen Schiffsbaus in Schweden. Auch eine Quasi-Verstaatlichung der schwedischen Werften 1977 kann den Untergang nicht stoppen. Heute werden in den Göteborger Schiffsbaubetrieben hauptsächlich Reparatur- und Instandsetzungsarbeiten durchgeführt.

1989: Das Hafenareal wird wieder lebenswert gemacht und der industriellen Nutzung entzogen: Es eröffnet der rot-weiße Skanskaskrapan (im Volksmund schnell „Lippenstift" getauft) und fünf Jahre später in Steinwurfdistanz die imposante Göteborger Oper.

102gb Abb.: ©Kathy Huddle, stock.adobe.com

Juni 2001: Der EU-Gipfel in Göteborg macht in Schweden und auch europaweit große Schlagzeilen, die weniger mit der politischen Bedeutung des Treffens in Verbindung gebracht werden. Während des Konferenzwochenendes kommt es im gesamten Stadtzentrum zu massivsten Straßenschlachten zwischen EU-Gegnern und den eingesetzten schwedischen Polizeikräften. Erstmalig seit den 1930er-Jahren machen die – so der O-Ton eines Untersuchungsberichts – „überforderten" schwedischen Polizisten an dem Wochenende von der Schusswaffe Gebrauch und verletzen dabei drei Demonstranten. Zum Glück gibt es keine Toten.

2006: Der fast die gesamte Nordstadt unterquerende Götatunnel wird feierlich eröffnet. Der sechsspurige Autotunnel entlastet die Verkehrssituation im nördlichen Teil der Innenstadt deutlich.

2021: Die Götaälvbron wird durch die modernere Hisingsbron [L2] ersetzt.

2024: Volvo eröffnet pünktlich zum 100. Firmenjubiläum die World of Volvo 12, eine Pilgerstätte für Fans der berühmten schwedischen Automarke.

Die Hisingsbron ist der neuste Brückenschlag über den Göta älv

Leben in der Stadt

Die Göteborger unterscheiden sich von den „sonstigen Schweden" nicht nur durch ihren typischen Westküstendialekt, sondern auch durch ihre oft respektlos-schnoddrigen Kommentare und Bemerkungen, was man in Deutschland wohl als Berliner Schnauze bezeichnen würde.

Wie in den meisten Ländern dieser Erde sind es die inländischen Differenzen, die von den Ausländern oft nicht verstanden werden. Die ewige Rivalität zwischen Köln und Düsseldorf kann man einem ausländischen Besucher des Rheinlands auch nicht mit einem Satz erklären. Und so ist es auch mit den Göteborgern und ihrer **offen gepflegten Antipathie gegenüber Stockholm.** Für den Göteborger „liegt Stockholm an einem sterbenden Meer, auf dessen anderer Seite die russische Tundra beginnt". Aber auch das schöngeistige Element der Stockholmer wird despektierlich zur Seite gewischt: „Die Stockholmer schreiben Gedichte, wir schreiben Rechnungen." Diese Schnoddrigkeit ist nicht gleichzusetzen mit Unfreundlichkeit – vielmehr ist das Gegenteil der Fall und als fragender Besucher der Stadt wird man immer auf offene Ohren und hilfsbereite Hände stoßen.

Der Menschenschlag der „Göteborger" gilt als aufgeschlossener als der seiner Landsleute in anderen Regionen Schwedens. Die Jahrhunderte des Austauschs – sowohl des intellektuellen wie auch des von Waren – mit anderen europäischen und globalen Städten und Staaten haben ihre Spuren hinterlassen. Und das ausschließlich im positiven Sinn. **Weltoffenheit,** Interesse an Menschen aus anderen Ländern, ausgesprochen gute Fremdsprachenkenntnisse und eine fast schon mediterrane „Leichtigkeit" der Einheimischen machen den Besuch Göteborgs so angenehm. Nicht grundlos nennen die Göteborger ihre Stadt auch gern und mit Stolz in der Stimme **„Lilla London"**, also „Klein London". Die historischen Verbindungen zwischen Göteborg und Großbritannien reichen dabei bis ins 18. Jahrhundert zurück. Die Popularität spiegelt sich auch in der Namenswahl wider: In den 1950er-/1960er-Jahren war der englische Name „Glenn" an der schwedischen Westküste ungemein beliebt und somit ist es kein Wunder, dass im Jahr 1982 beim Fußballclub IFK Göteborg insgesamt vier Spieler diesen Vornamen trugen.

Ähnlich wie viele andere europäische Metropolen, hat auch Göteborg gesellschaftliche Herausforderungen zu bewältigen. In den Vorstädten ballt sich die **zweite oder dritte Migrantengeneration,** die sich oft nur schwer in die Gesellschaft integrieren lässt. Moralische Wertvorstellungen, die auf anderen kulturellen Hintergründen basieren, mangelnde Bildung und teilweise defizitäre Kenntnisse der schwedischen Sprache sind, ähnlich wie auch in anderen EU-Staaten, die Hauptprobleme.

Da Göteborg sich mitten in einer Wachstumsphase befindet und auch die Prognosen für die kommenden Jahre eindeutig auf Expansion schließen lassen, befasst sich die Stadtverwaltung seit einiger Zeit intensiv mit **städtebaulichen Zukunftsvisionen.** Anhand eines Masterplans soll sich Göteborg positiv entwickeln und dabei helfen dreizehn strategische Fragen, die bei der Umsetzung immer im Hinterkopf bleiben sollen. Das Hauptaugenmerk liegt dabei auf der ökologischen Entwicklung. Verminderung des Individualverkehrs, Ausbau des öffentlichen Nahverkehrs, harmonische Abwägung zwischen Ökonomie und Ökologie insbesondere im Küstenbereich und Steigerung der Lebensqualität sind nur einige der Hauptforderungen der Stadtväter. Und diese Zukunftsüberlegungen bestehen nicht nur aus blumigen Ankündigungen und bunten PR-Prospekten: Ganz konkret werden bis 2035 100 Milliarden Euro an städtischen, staatlichen und privaten Investitionen in die Infrastruktur der „Rivercity" (okay, ganz ohne PR-Sprech geht es dann doch nicht) fließen. Schwerpunkte sind dabei eine nachhaltige Verkehrsentwicklung und Bildungsprojekte, aber auch die Wohnungsnot wird vehement angegangen. Innerhalb der kommenden Dekade sollen 30.000 Neubauwohnungen entstehen.

Das kosmopolitische Flair der Stadt beruht einerseits auf der Weltoffenheit ihrer Bewohner, andererseits aber auch auf der großen Anzahl an **internationalen Gästen.** Der Hotelverband zählt aktuell 10.000 Hotelzimmer und auch hier liegt der Fokus eindeutig auf Nachhaltigkeit: 2023 waren 88 % aller Hotelzimmer öko-zertifiziert. Alljährlich erfassen die städtischen Statistiker fünf Millionen Übernachtungen. Schwedische Besucher stellen selbstverständlich den Löwenanteil der Übernachtungsgäste dar. Ihnen folgen – sortiert nach Anzahl – Touristen aus Norwegen, Deutschland, Großbritannien, den USA und Dänemark. In den Sommermonaten ist der Arbeitsmarkt im Tourismussektor wie leergefegt, viele Schüler und Studenten springen dankbar in die Bresche und sichern sich auf diese Weise ihr Taschengeld oder die Finanzierung des nächsten Semesters.

Volvo – ein ur-schwedischer Konzern in Zeiten der Globalisierung

Als im Jahr 2007 in Torslanda, einem Göteborger Stadtviertel wenige Kilometer nördlich des Zentrums, die Sektkorken knallten, schien die Welt noch in Ordnung: Die Verantwortlichen des Volvo-Konzerns feierten im Stammsitz der Firma den 80. Geburtstag. Seit 1927 hieß es auf schwedischen und später allen Straßen der Welt „ich rolle" – die deutsche Übersetzung des lateinischen Namens „Volvo".

Nach dem Zweiten Weltkrieg war es zum **erstaunlichen Aufschwung** des kleinen, bis dato wenig bekannten Herstellers aus Göteborg gekommen. Durch mutige Designs – ob grazil wie das „Schneewittchensarg" genannte Model P1800 ES oder brachial wie die Modelle der späten 1970er- und der 1980er-Jahre – erreichten die Volvo-Pkws besonderen Liebhaberstatus. Hinzu kamen die innovativen Sicherheitstechnologien, die bei Volvo ausgesprochen schnell in die Serienproduktion einflossen. Ob Einführung des Drei-Punkte-Sicherheitsgurts (1959), des rückwärts gewandten Kindersitzes (1972) oder des Seitenairbags (1994): Immer war Volvo Marktführer.

Parallel zum Erfolg der schwedischen Personenkraftwagen wuchs das Portfolio der Marke Volvo und man engagierte sich ebenso im Lkw-Bau wie auch in Luft- und Raumfahrt. Ende der 1990er-Jahre mehrten sich die Stimmen, die ein Überleben der relativ kleinen Pkw-Produktion bei Volvo nur im Verbund mit einem größeren Partner für realistisch hielten. Der Verkauf ins Ausland wurde jedoch lange Zeit von der Regierung blockiert, da sie die Causa Volvo zu einer Frage des nationalen Interesses erklärte. Mit einem Kompromiss – die Volvogruppe als Mutterkonzern verblieb in schwedischen Händen und nur die Pkw-Sparte des Hauses sollte herausgelöst werden – konnten sich schließlich alle Involvierten anfreunden. Für 6,5 Milliarden Dollar übernahm Ford Anfang 1999 die Pkw-Produktion. Die einheitliche Vermarktung aller Produkte wurde vereinbart und so **existierten de facto „zwei Volvos"** unter dem bekannten Volvo-Logo. In der darauffolgenden Dekade liefen die Geschäfte solide (Volvo-Pkws) bis ausgezeichnet (Volvokonzern mit der Lkw-Sparte).

Externe Faktoren in den späten 2000er-Jahren sollten wieder für Unruhe sorgen. Durch die **Finanzkrise 2008/2009** war auch der US-Riese Ford ins Trudeln geraten und suchte händeringend eine Möglichkeit, um an liquide Mittel zu gelangen. Diese Suche mündete schließlich im Dezember 2009 im Verkauf von Volvos Pkw-Sparte an den chinesischen Autohersteller Geely. Das Entsetzen war groß: Das neben IKEA wohl „schwedischste" Unternehmen war nun in chinesischen Händen. Doch allen Unkenrufen zum Trotz entwickelte sich Volvos Pkw-Sparte in den kommenden Jahren ausgezeichnet und die Verkaufszahlen zogen deutlich an. 2017 wurde „Polestar" als rein elektrische Premiummarke gegründet und auch der Gesamtkonzern reagierte auf die Zeichen der Zeit: Ab 2030 sollen ausschließlich Pkw mit Elektroantrieb die Göteborger Werkshallen verlassen – alter, neuer Schwede!

Seit 2024 wird die Geschichte der Firma in der World of Volvo (12) anschaulich präsentiert.

PRAKTISCHE REISETIPPS

072gb Abb.: ld

An- und Abreise

Mit dem Flugzeug

Viele Besucher, die Göteborg für einige Tage kennenlernen möchten, reisen mit dem Flugzeug an. Schneller (und in der Regel preisgünstiger) kann man die nordische Metropole aus Mitteleuropa auch nicht erreichen.

Landvetter Airport (internationaler Flughafencode „GOT") ist der historische Platzhirsch, der seit fast 50 Jahren Gäste in Empfang nimmt oder verabschiedet. Nach Stockholm Arlanda ist er mit über fünf Millionen Reisenden pro Jahr (2023) der zweitgrößte Flughafen des Landes, der ca. 25 km östlich der Stadt liegt. Angeflogen wird er schwerpunktmäßig von den etablierten Fluggesellschaften wie Scandinavian SAS, Lufthansa, KLM, Air France und vielen mehr.

Nach dem fast vollständigen Zusammenbruch des Flugverkehrs während der **Coronapandemie** wird Landvetter inzwischen wieder vom Billigflieger Ryanair aus dem deutschen Sprachraum angesteuert (ab Wien). Die anderen preiswerten Airlines haben Göteborg aktuell noch nicht wieder im Flugplan (Stand Frühjahr 2024). Deshalb bitte kurzfristig online informieren.

Die **Flughafenbusse** verbinden Landvetter innerhalb von 30 Minuten mit der Innenstadt. Die Taktung erfolgt in Intervallen von 12 bis 20 Minuten und der Fahrpreis beträgt 129 Skr (Hin- und Rückfahrticket 239 Skr). Insgesamt hält der Bus an vier zentralen Punkten in der Innenstadt: Korsvägen/Svenska Mässan [O6], Berzeliigatan [N6], Kungsportsplatsen [L5] und am Nils Ericson Terminal (Endstation, direkt an der Centralstation [M4]). Taxis kosten pro Weg 400 bis 500 Skr, man sollte vorher nach dem Preis fragen.

- **Flughafen Landvetter:** www.swedavia.se/landvetter
- **Norwegian Air:** www.norwegian.com
- **easyJet:** www.easyjet.com
- **Eurowings:** www.eurowings.com
- **Lufthansa:** www.lufthansa.com
- **SAS:** www.flysas.com/de/de
- **Flughafenbusse:** www.flygbussarna.se

Mit der Fähre

Eine spannende Alternative zur Anreise über Land oder per Flugzeug stellt die **Fährverbindung Kiel–Göteborg** dar. Auf diese Weise kann man den Städtetrip um eine Minikreuzfahrt erweitern. Die Fähren der Stena Line verlassen Kiel täglich um 17.45 Uhr und erreichen Göteborg am darauffolgenden Tag um 9.15 Uhr morgens. Vom Terminal („Tysklandsterminal") der Stena Line kann man zu Fuß ins Zentrum gehen (ca. 45 Minuten) oder sich bequem ab Haltestelle „Chapmans Torg" mit den Straßenbahnlinien 3 und 9 (Fahrzeit ca. 15 Minuten) chauffieren lassen. Optional kann man auch seinen Pkw mitnehmen, um sich eine optimale Mobilität in Schweden zu sichern. Aber auch einfache Personentickets ohne fahrbaren Untersatz sind buchbar.

Fähren in Richtung Deutschland verlassen ebenfalls um 17.45 Uhr den Anleger und legen am nächsten Morgen um 9.15 Uhr in Kiel an.

◁ Vorseite: Mit den Leihrädern von „Styr & Ställ" (s. S. 110) kann man die Stadt flott erkunden

Über den dänischen Hafen Frederikshavn kann man Göteborg ebenfalls erreichen. Die Fahrzeit beträgt ca. 3½ Stunden (je nach Fähre variiert die Fahrzeit um ca. 15 Minuten) und Fußgänger bezahlen für die Fahrscheine der günstigsten Kategorie gerade einmal 10 €. Insbesondere in den Wintermonaten bietet Stena Line attraktive Paketangebote an – für aktuelle Angebote am besten einmal auf der Website der Reederei nachschauen:

› www.stenaline.de

Mit dem Auto

Die Anreise mit dem Pkw hat den besonderen Reiz, dass man unterwegs noch viel von der **skandinavischen Natur** zu sehen bekommt. Unterschiedliche Routen bieten sich hierfür an, wobei zumeist mindestens einmal mit der Fähre übergesetzt werden muss. Entweder nutzt man die oben genannten Schiffsverbindungen der Stena Line oder man fährt über Dänemark (die einzige fährfreie Route führt über die Große Belt- und Öresundbrücke). Alternativ setzt man von Mecklenburg-Vorpommern an die schwedische Südspitze über (Rostock–Trelleborg). In Schweden angekommen, fährt man dann auf der sehr gut ausgebauten E6/E20 immer an der Küste entlang gen Norden.

Mit dem Bus

Auf dem europäischen Fernbusmarkt kam es in den letzten Jahren zu einer ausgeprägten Konzentration auf immer weniger Anbieter, was sich auch auf der Strecke Deutschland–Schweden manifestiert: Nur noch **Flixbus** bedient die Strecke nach Göteborg. Die einfache Fahrt ab Hamburg kostet ab 40 € und dauert 11 bis 12 Stunden. Infos unter:

› www.flixbus.de

Die mächtigen Fähren der Stena Line dominieren den Hafen

073gb Abb.: ld

044gb Abb.: ld

Mit dem Zug

Eisenbahnfreunde wählen die flotteste Verbindung **über Hamburg und Kopenhagen** nach Göteborg, wobei im schwedischen Malmö umgestiegen werden muss. Die Züge enden direkt im zentral gelegenen Hauptbahnhof Göteborgs [M4]. Die Fahrt ab Hamburg dauert dabei ca. 10 Stunden.

Autofahren

Ein gut ausgebautes Straßennetz sowie die **relativ geringe Verkehrsdichte** machen Autofahren in Schweden zu einer angenehmen Angelegenheit. Es sei denn, arg strapazierte Gäste aus dem Autofahrerland Deutschland bringen kein Verständnis für Ampeln oder Kreisverkehr auf Autobahnen auf oder dafür, dass die Strecke Göteborg-Stockholm kurzfristig gesperrt wird, da für einen Hobbykapitän die Brücke hochgelassen werden muss. Für Schweden gehört dies zur Selbstverständlichkeit, sich selber sollte man bei Gelegenheit daran erinnern, dass man sich ja im Urlaub befindet.

Diese relativ geringe Verkehrsdichte findet sich allerdings nicht im Ballungsraum Göteborg, dort wird die Geduld durch hohes Verkehrsaufkommen häufig auf eine harte Probe gestellt, obwohl der Götatunnel im Norden der Stadt für Entlastung sorgt. Aber wieso soll es den Göteborgern diesbezüglich auch anders ergehen als den Autofahrern anderer europäischer Großstädte?

Um den Verkehr innerhalb der Stadt zu reduzieren und zu steuern, erhebt die Kommune Göteborg eine **„Stausteuer“** *(Trängselskatt)*. Dabei hängt die zu zahlende Summe von

Der Göteborger Hauptbahnhof [M4] ist Dreh- und Angelpunkt für regionale und internationale Verbindungen

der Uhrzeit ab und liegt zwischen 9 und 22 Skr (maximal 60 Skr pro Tag). Zwischen 18.30 und 5.59 Uhr, am Wochenende und im Monat Juli wird sie nicht erhoben. Die Zufahrten werden mit Kameras überwacht und anhand des Kennzeichens werden die Fahrzeugdaten ermittelt. Die Rechnung wird von dem Verkehrsunternehmen Transportstyrelsen direkt an die Heimatadresse (auch nach Deutschland!) geschickt. Bei Überschreitung der Zahlungsfrist wird eine zusätzliche Strafgebühr von 500 Skr erhoben.

Man sollte sich nicht wundern, wenn der hilfsbereite Schwede bei der Frage, wie weit denn Göteborg noch entfernt liege, die durchaus korrekte Auskunft erteilt, es seien nur noch 25 Meilen, obwohl es doch tatsächlich 250 km sind: In Schweden gibt es noch die **Maßeinheit „schwedische Meile“**, die 10 km entspricht.

Bei Pannen wendet man sich am besten an den Motormännens Riksförbund (Tel. 020 211111), ist der Pkw noch fahrtauglich, sucht man eine *bilverkstad* (Autowerkstatt) oder einen *bilservice* (Auto-Service).

Hilfreich sind auch die digitalen „Gelben Seiten“ (www.eniro.se). Außerdem kann man sich auch direkt an seinen Automobilclub in der Heimat wenden. Die drei größten für Deutschland, Österreich und die Schweiz:

- **ADAC** (Deutschland): Tel. +49 89 222222, unter Tel. +49 89 767676 gibt es auch Adressen von deutschsprachigen Ärzten in der Nähe des Urlaubsortes (Liste auch vorab anforderbar)
- **ÖAMTC** (Österreich): Tel. +43 1 2512000 oder für medizinische Notfälle Tel. +43 1 2512020
- **TCS** (Schweiz): Tel. +41 58 8272220

Tanken

Schweden verfügt über ein **gut ausgebautes Tankstellennetz.** Bis auf ganz wenige Ausnahmen ist die Bezahlung des Kraftstoffs oder Ladestroms nur **bargeldlos** möglich und ohne Plastikkarte oder mobile Pay-App geht nichts.

An den Zapfsäulen findet man – wie auch in Deutschland – grundsätzlich immer Superbenzin (heißt in Schweden „95 Oktan“) und Diesel. Einige Tankstellen haben zusätzlich Autogas, Ethanol oder Biodiesel im Angebot, der übrigens ausschließlich aus Holzresten, Raps oder Bio-Abfall gewonnen wird.

Auskunft über aktuelle **Preise** erhält man unter https://bensinpriser.nu. Generell kann aber gesagt werden, dass Tanken in Schweden im Vergleich zu Deutschland nicht teurer, sondern eher günstiger geworden ist. Die Preise für Super und Diesel sind im Frühjahr 2024 auf identischem Niveau: 18 Skr (ca. 1,60 €).

Parken

Die **Parkplatzsituation** in Göteborg ist dank der beeindruckenden Anzahl von 66.000 städtischen Abstellplätzen relativ entspannt. Jedoch sollte einem klar sein, dass in der Stadt keine kostenfreien Parkplätze mehr existieren.

Um eine nachhaltige Entwicklung des Verkehrs zu gewährleisten, hat die Stadt Göteborg die „Riktlinjer för mobilitet och parkering“ verabschiedet. Kernpunkt dabei ist die Erhaltung einer attraktiven, lebenswerten Stadt, in der Nachhaltigkeit und soziale, ökonomische und ökologische Kriterien ausgewogen nebeneinander stehen sollen. Eine bewusste Bevorzugung des öffentlichen Nahverkehrs und des Fahrrads wird in dem Konzept explizit festgeschrieben.

Die Parkplätze an der Straße sind in **14 unterschiedliche Zonen** eingeteilt. Die jeweils geltende Zone kann man auf den blauen Parkscheinautomaten ablesen und sie bestimmt den Stundenpreis. Dabei reicht das Spektrum von Zone 1 = 30 Skr bis Zone 7 = 5 Skr, hinzu kommen diverse Sonderparkzonen. Bezahlt werden kann an den Automaten ausschließlich mit der Kreditkarte. Alternativ kann man mit dem Smartphone und der App „Parkering Göteborg" (kostenlos für iOS und Android) seinen Parkschein begleichen.

Über die ganze Innenstadt verteilt findet sich ein Netz kommerzieller Parkmöglichkeiten. Ob Tiefgarage, Parkhaus oder einfach ebenerdiger Parkplatz – das Angebot ist ausgezeichnet. Eine ungewöhnliche Parkmöglichkeit findet man im (!) Göta älv, direkt an der neu gebauten Hisingsbron. Ein **schwimmendes Parkhaus** liegt dort fest vertäut.

P110 [L3] **P-Arken,** Lilla Bommens torg, 38 Skr pro Stunde, www.parkeringgoteborg.se/besoksomraden/p/p-arken-1610

Eine übersichtliche Karte mit sämtlichen Parkmöglichkeiten der Stadt findet man unter https://goteborg.se (Suchbegriff „Parkeringsplatser" eingeben).

Man sollte sein Auto immer ordnungsgemäß abstellen bzw. die Parkgebühr auch wirklich entrichten. **Knöllchen** aus dem Ausland sind zwar vielleicht ein exotisches Souvenir, aber ob dieses Stück Papier einem 600–1100 Skr (50–95 €) wert ist – so viel kosten die Strafzettel in Göteborg–, sollte man sich vorher gut überlegen. Wer sein Auto besonders rücksichtslos parkt, der muss auch im konfliktarmen Schweden mit dem Abschlepphaken rechnen. Abgesehen von den Lauf- und Scherereien kostet das „Umparken" durch Dritte mindestens 2000 Skr (170 €) mit deutlich Luft nach oben für etwaige Zusatzkosten.

Das schwimmende Parkhaus auf dem Göta älv

046gb Abb.: ld

045gb Abb.: ld

Verkehrsregeln

Einige **abweichende Verkehrsregeln** gilt es in Schweden zu beachten:

- Die Autos müssen ein **Nationalitätskennzeichen** haben.
- Es ist immer – auch am Tag – mit **Abblendlicht** zu fahren.
- Für **Kinder** bis sieben Jahre sind Kindersitze vorgeschrieben.
- Die **Alkoholgrenze** liegt bei 0,2 Promille.
- In Ortschaften beträgt die **Geschwindigkeitsbegrenzung** 50 km/h, in Wohngebieten teilweise 30 km/h. Außerhalb geschlossener Ortschaften darf 70 bis 90 km/h, auf Autobahnen 90 bis 120 km/h gefahren werden. Pkw mit Wohnwagen dürfen nicht schneller als 80 km/h, mit ungebremstem Anhänger nicht schneller als 40 km/h fahren.
- Der **Seitenstreifen** darf genutzt werden, um überholenden Fahrzeugen Platz zu machen.
- Die Verkehrsschilder, die auf **Wildwechsel** hinweisen, sind unbedingt ernst zu nehmen – wer schon einmal einen ausgewachsenen Elch gesehen hat, der kann sich die Konsequenzen eines Zusammenstoßes erschreckend gut vorstellen.
- Der **Führerschein** (der nationale oder ein internationaler Führerschein) muss mitgeführt werden, ebenso ist die Grüne Versicherungskarte sinnvoll.
- Die verhängten **Bußgelder** sind vergleichsweise sehr hoch, auf Milde oder Verständnis sollte man nicht hoffen, da die Polizei diesbezüglich als relativ humorlos gilt.

Bitte Parkschein lösen – sonst kann es teuer werden

Mietwagen

Wer nicht mit dem eigenen Pkw anreist, aber trotzdem auf die individuelle Mobilität nicht verzichten möchte, dem bietet sich natürlich die Möglichkeit, ein Auto zu mieten. Besonders für Tagesausflüge ins Umland sind die „eigenen" vier Räder zu empfehlen. Alle großen Autoverleiher haben mehrere Filialen in Göteborg, zumeist in der Innenstadt und am Flughafen:

- **Avis:** www.avis.se, Avis Göteborg City, Bergslagsgatan 6, Tel. 031 881800; Göteborg Landvetter Airport, Tel. 031 877700
- **Budget:** www.budget.se, Göteborg Landvetter Airport, Tel. 031 877700
- **Europcar:** www.europcar.se, Göteborg City, Spannmalsgatan 16, Tel. 031 3892224; Göteborg Landvetter Airport, Tel. 031 3892020
- **Hertz:** www.hertz.se, Göteborg City, Bergslagsgatan 6, Tel. 031 803730; Göteborg Landvetter Airport, Tel. 031 946020
- **Sixt:** www.sixt.se, Hauptbahnhof, Nils Ericsonplatsen 4, Tel. 031 7601040; Göteborg Landvetter Airport, Tel. 0301 31990

Barrierefreies Reisen

Die Möglichkeiten für Menschen mit Behinderungen, sich in Göteborg unabhängig zu bewegen, sind besonders im Vergleich zu anderen europäischen Großstädten ausgeprägt, wie das Beispiel des öffentlichen Personennahverkehrs zeigt: Die Straßenbahnen und öffentlichen Busse sind behindertengerecht ausgestattet. Etwas problematischer sind nur die älteren Straßenbahnen, aber die freundlichen Fahrer oder Passanten sind sicherlich gerne behilflich.

Die meisten **Taxis** bieten ausreichend Platz, um einen Rollstuhl mitzuführen, vorheriges Nachfragen beim Taxiunternehmen ist jedoch sinnvoll. Die Ampeln sind mit akustischen Signalen ausgestattet, die Bürgersteige sind breit, in einem guten Zustand und vielerorts für Rollstuhlfahrer abgesenkt.

Auch sind die **Gebäude** auf die Bedürfnisse Behinderter eingerichtet. Alle öffentlichen Gebäude müssen von Gesetzes wegen für Menschen mit Behinderungen erreichbar sein. Folglich finden sich hier behindertengerechte Zugänge. Ebenfalls wurde per Gesetz verfügt, dass jedes Gebäude mit mehr als drei Stockwerken einen Aufzug haben muss.

Toiletten für Rollstuhlfahrer gibt es in zahlreichen Restaurants, Einkaufszentren oder öffentlichen Einrichtungen. Generell kann man davon ausgehen, dass die Menschen in den Unterkünften, Museen und anderen öffentlichen Einrichtungen den speziellen Bedürfnissen Behinderter gegenüber aufgeschlossen sind.

Vor Antritt der Reise sollte man jedoch auch Kontakt zu der heimischen **Behindertenorganisation** aufnehmen. Dort sind vielfach spezielle und detaillierte Informationen und Hilfen von professioneller Seite erhältlich. In Schweden selbst erhält man Unterstützung vom Schwedischen Behindertenverband, der auch in Göteborg eine Dependance unterhält:

› **De Handikappades Riksförbund (DHR),** Slottsskogsgatan 18, Tel. 031 7046050, www.dhr.se/goteborg

Diplomatische Vertretungen

- **111** [M6] **Deutsches Honorarkonsulat in Göteborg,** Honorarkonsul Jan Sinclair, Geijersgatan 1 b, Tel. 0721 555845

› **Deutsche Botschaft („Tyska Ambassaden Stockholm"),** Skarpögatan 9, Stockholm, Tel. 08 6701500, Notfallnummer außerhalb der normalen Öffnungszeiten: Tel. 070 8529420, www.stockholm.diplo.de

- **112** [M6] **Österreichisches Honorargeneralkonsulat in Göteborg,** Konsul Lars-Olof Christer Magnusson, Geijersgatan 1 b, Tel. 031 161078

› **Österreichische Botschaft in Stockholm,** Banérgatan 10, Tel. 08 6651770, www.bmeia.gv.at/oeb-stockholm

› **Schweizer Botschaft in Stockholm,** Valhallavägen 64, Tel. 08 6767900, www.eda.admin.ch/stockholm

Elektrizität

Die Elektroanschlüsse werfen in Schweden **keine Probleme** auf: Bei 230 Volt werden die üblichen Steckdosen verwendet. Auf Adapter kann folglich verzichtet werden.

Geldfragen

Schweden ist zwar in der Europäischen Union, jedoch kein Mitglied in der Währungsunion. Folglich ist die gültige Währung die Schwedische Krone (Svenska Krona, Skr/SEK) und nicht der Euro. Eine Schwedische Krone besteht aus 100 Öre. Im Alltag spielt die Untereinheit der Krone jedoch heutzutage keine Rolle mehr: Im Jahr 2010 wurde als letzte Öre-Münze das 50-Öre-Stück abgeschafft. Damit endete auch eine jahrhundertelange Tradition, da die Währungseinheit Öre älter als die Krone war.

Umrechnungskurse

1 Skr	0,09 €/0,085 SFr
1 €	11,28 Skr
1 SFr	11,72 Skr

(Stand Frühjahr 2024)

Der Urlaub in Göteborg ist günstiger, als es die über Jahre festgefügten Vorurteile über das nordische **Preisniveau** vermuten lassen. So haben sich die deutschen und schwedischen Preise insbesondere nach dem schwedischen EU-Beitritt 1995 einander mehr und mehr angenähert.

Göteborg preiswert

Das Großstadtleben – insbesondere im hohen Norden – hinterlässt im Portemonnaie doch manchmal größere Löcher, als vorher angedacht. Es gibt jedoch auch in Göteborg – neben dem **Go Gothenburg Pass** (s. S. 10) – **einige Schnäppchen:**

- Für insgesamt 36 Skr kann man in Göteborg eine **Stadtrundfahrt, eine Minikreuzfahrt und eine Inselwanderung** machen. Mit der Straßenbahnlinie 11 ab Centralstationen [M4] fährt man einmal durch die komplette Innenstadt und anschließend parallel zum Göta älv bis nach Saltholmen. Dort wartet schon der Dampfer in den Schärengarten und nach 60 bis 70 Minuten Gesamtfahrzeit ist man beispielsweise auf Brännö – oder auf einer der anderen idyllischen Inseln des Archipels 26 – und kann per pedes die wunderschöne Insel erkunden.
- Alljährlich im Spätsommer (Ende August) findet in Göteborg das **Kulturkalaset** statt (s. S. 80). Um Einblick in die schwedische Musikszene zu erhalten, ist das **gigantische Innenstadtfest** der ideale Ort. Dutzende Bands spielen auf mehreren Bühnen – Eintritt frei.
- Eine **Hafenrundfahrt** kostet in Göteborg nur etwa 3,20 €: Mit den Älvsnabben-Fähren kann man ganz gemütlich ab Lilla Bommen [L3] Richtung offenes Meer und zurück schippern – mit der **App Västtrafik To Go** (s. S. 103). Und es gibt sogar eine gänzlich kostenfreie Bootsfahrt auf dem Göta älv: Die Schwesterlinie der Älvsnabben (285), die – für Besucher etwas verwirrend – **Älvsnabbare (286)** getauft wurde, verkehrt ausschließlich zwischen den Anlegern Stenpiren und Lindholmspiren. Werktags pendelt sie im 7-Minuten-Takt (6–19 Uhr) über den Fluss, während am Wochenende die Intervalle 20-minütig sind (11–16 Uhr). Man erkennt die Älvsnabbere an der grünen Flagge mit Aufschrift „Gratisresa“ – ahoi, Matrosen!

Vergleicht man deutsche mit schwedischen Supermarktpreisen, so ist ein Unterschied kaum noch festzustellen. Preisliche Ausreißer nach oben sind jedoch noch immer Süßigkeiten und Alkoholika. Modische Textilien oder sportliche Freizeitbekleidung kann man teilweise – insbesondere im schwedischen Ausverkauf *(rea)* – günstiger als daheim erstehen. Und die Autofahrer stellen fest, dass sich die Treibstoffpreise in Schweden und Deutschland kaum unterscheiden.

Ansonsten fühlt man sich in monetären Angelegenheiten wie zu Hause, zum Beispiel dürfte beim ersten Gebrauch eines schwedischen Geldautomaten (*Bankomat*) ein gewisser Wiedererkennungseffekt eintreten. Mit der weitverbreiteten **Debit-/Girokarte** und Geheimnummer kann man in Schweden überall Bargeld abheben.

Insgesamt betrachtet wird es in Schweden jedoch immer schwieriger, mit Bargeld zu bezahlen, selbst Kleinstbeträge. **Bargeldlose Bezahlmethoden** – egal ob per Smartphone, App oder Kreditkarte – sind auf dem schnellen Vormarsch. Vielerorts wird überhaupt **kein Bargeld mehr angenommen.** Im Supermarkt läuft das Gros des Warenverkaufs komplett ohne Kassierer: Man scannt die Produkte selbst ein und zahlt bargeldlos. Oftmals existiert nur noch eine besetzte Kasse, an der eine verlorene Kassenkraft hockt. Wer sich hier anstellt, „outet“ sich sofort als Tourist. Generell sollte man sich immer **vorher informieren,** ob Bargeld angenommen wird.

Wer **Bargeld wechseln** will, sucht entweder eine Bank auf oder entscheidet sich für die kleinen **Wechselstuben,** die auch deutlich kundenfreundlichere Öffnungszeiten als die Geldinstitute bieten. In der Innenstadt gibt es einige Wechselstuben, besonders markant sind die gelben Filialen der Forex-Kette.

- •113 [M4] **Forex Centralen,** im Hauptbahnhof, Tel. 010 2111898, Mo.–Fr. 10–18, Sa. 10–16 Uhr
- •114 [M6] **Forex,** Kungsportsavenyn 22, Tel. 031 166668, Mo.–Fr. 10–18 Uhr

Umrechnungskurs am Geldautomaten

Beim Abheben von Bargeld in Landeswährung wird manchmal angeboten, dass die Abrechnung mit dem eigenen Konto in Euro erfolgen kann. Das Verfahren ist als Dynamic Currency Conversion (DCC) bekannt. Wählt man diese Option, die ja sicherer erscheint, wird aber ein ungünstiger Wechselkurs zugrundegelegt, der erhebliche Kosten verursachen kann. Deshalb sollte man Abhebungen immer in der Landeswährung vom eigenen Konto abbuchen lassen. Dann legt die eigene Bank den offiziellen Devisenkurs zugrunde.

Informationsquellen

Infostellen in der Stadt

Die wirklich ausgezeichnete Göteborger Touristeninformation befindet sich im Herzen der Stadt am Kungsportplatsen.

- ℹ115 [L5] **Göteborgs Turistbyrå,** Kungsportsplatsen 2, Tel. 031 3684200, www.goteborg.com, Mo.–Fr. 10–17, Sa. 10–15 Uhr (im Sommer länger geöffnet, dann auch So. 11–15/16 Uhr). Die Mannschaft der Touristeninformation ist ausgesprochen hilfreich und kompetent. Auf (fast) alle Fragen gibt es hier eine Antwort. Über Hotelbuchungen oder Transportalternativen kann man sich ebenfalls kundig machen. In den Räumlichkeiten lassen sich zudem Souvenirs, Postkarten und Bücher zum Thema Göteborg erstehen. Im Büro selbst sollte sofort eine Wartenummer gezogen werden, damit man möglichst schnell per blinkender Leuchtschrift zum Schalter gerufen wird.

Auf den **Schärengarten-Inseln** findet man zusätzlich InfoPoints. Im südlichen Schärengarten 26 gibt es derer sechs: auf Brännö, Donsö (2), Stysö und Vrågö (2).

Göteborg im Internet

- **www.goteborg.com:** Der umfangreiche Internetauftritt des Göteborger Fremdenverkehrsamtes ist ein idealer Anlaufpunkt, wenn man sich über aktuelle Ereignisse und Veranstaltungen in der Stadt informieren möchte. Aber auch übergeordnete Kategorien wie „Hotels", „Essen" oder praktische Tipps für die Reisevorbereitung können sehr hilfreich sein.
- **www.thelocal.se:** Nachrichten und Informationen aus Schweden sind in den deutschsprachigen Medien eher selten zu finden. Auf der Seite „The Local" werden interessante innenpolitische Verwicklungen, wirtschaftliche Tendenzen und kulturelle Ereignisse auf Englisch präsentiert.
- **www.elchburger.de:** Hinter diesem eigenwilligen Namen verbirgt sich ein breit gefächertes deutsches Skandinavien-Portal. Über die Eingabe von „Göteborg" in der Suchleiste erhält man dann schnell eine Vielzahl an Informationen zu besonderen Ereignissen und Veranstaltungen in der westschwedischen Metropole.
- **www.vastsverige.com:** Für Ausflüge oder Touren ins Göteborger Umland (wobei sich die Westschweden außerhalb von Göteborg nicht als Anhängsel der Großstadt oder des Umlandes sehen, sondern explizit auf ihre Eigenständigkeit pochen) bietet das westschwedische Touristenbüro eine hilfreiche digitale Plattform.

047gb Abb.: ld

› *Das Göteborger Touristenbüro am Kungsportsplatsen ist erste Anlaufstelle für interessierte Stadtbesucher*

Meine Literaturtipps

- Selma Lagerlöf: **Wunderbare Reise des kleinen Nils Holgersson mit den Wildgänsen,** München 1992. Anfang des 20. Jahrhunderts von der späteren Literaturnobelpreisträgerin Selma Lagerlöf geschrieben, war es ursprünglich als Geografiebuch für schwedische Schüler konzipiert. Doch die liebevoll geschriebene Geschichte des ungezogenen Nils Holgersson, der zur Strafe in einen Däumling verwandelt wird, begeisterte kleine und große Leser weltweit und wurde in über 60 Sprachen übersetzt.
- Selma Lagerlöf, **Gösta Berling,** München 2007. Auszüge dieses Werks gewannen den ersten Preis eines Literaturwettbewerbs einer lokalen Tageszeitung, bevor es zu einem der berühmtesten Bücher Schwedens wurde und die Verfasserin damit den Durchbruch schaffte. Die Schilderungen des Landlebens und die spannenden Charaktere rund um den versoffenen Priester Gösta Berling sind auch heute noch absolut lesenswert.
- Kurt Tucholsky, **Schloss Gripsholm,** Köln 2006. Vermutlich das bekannteste Buch im deutschsprachigen Raum, das seinen Schauplatz im Schweden der späten 1920er-Jahre hat. Die Liebesgeschichte, eine sommerlich erotische Ménage à Trois, wird von dunklen Wolken am Horizont überschattet.
- Ausgesprochen schnelles Seitenblättern garantieren die Krimis von **Åke Edwardson,** der insbesondere mit dem Göteborger Kommissar Erik Winter eine Romanfigur geschaffen hat, die sich nicht hinter Mankells Wallander verstecken muss. Von „Tanz mit dem Engel“ (1997) bis hin zu „Marconipark“ (2015) ermittelte Winter bereits in 12 Fällen. Im Sommer 2021 brach Edwardson sein altes Versprechen, keinen weiteren Winter-Roman zu schreiben: In Schweden erschien „Det trettonde fallet“ („Der 13. Fall“). Wann und unter welchem Titel die deutsche Übersetzung erscheint, ist noch unklar. Spannung ist aber in jedem Fall garantiert.
- Die Kriminalpolizei Göteborg ermittelt auch bei den Morden von **Helene Tursten,** die einem schauerlichen Handwerk nicht mehr nachgeht – sie war Zahnärztin –, sondern nun darüber mit gutem und spannendem Stil berichtet. Ihre Kommissarin Irene Huss kämpfte sich bereits durch elf Fälle. Spannung garantiert auch ihre jüngste Kommissarin, die ebenfalls in Westschweden aktiv ist. Embla Nyström ermittelte sich bisher dreimal durch Mord und Totschlag: Auf „Jagdrevier“ und „Sandgrab“ folgte als bisher letzte Neuerscheinung „Schneenacht“ (alle erschienen im btb-Verlag). Im dichten Schneetreiben muss sie klären, wer den Bandenkönig und Entführer ihrer Freundin Lollo erschoss.
- **„Das Schweden-Kochbuch“** von Margareta Schildt Landgren eröffnet dem interessierten Leser eine bunte, kulinarische Reise durch das Land im hohen Norden. Ob man sich vor der Schwedenreise in Stimmung bringen oder nach der Reise in Erinnerungen schwelgen möchte – mit den liebevoll beschriebenen Rezepten und den unterhaltsamen Hintergrundgeschichten ist beides möglich.

Apps

- **Västtrafik To Go** hilft dabei, mit den öffentlichen Verkehrsmitteln zu reisen. Einfach Start- und Endpunkt eingeben und To Go zeigt einem die schnellste Verbindung inklusive möglichen Umstiegen. Auch das Lösen der Fahrscheine ist bequem über die App und die entsprechend verknüpfte Kreditkarte möglich (kostenlos für Android und iOS).
- **Go City**: App zur Nutzung des Go Gothenburg Passes (s. S. 10), der Vergünstigungen für mehrere Sehenswürdigkeiten und Stadttouren beinhaltet (kostenlos für Android und iOS).
- **Badplatsen Göteborg:** So findet man in Göteborg und Umgebung die nächstgelegene Badestelle, inkl. Infos zu Anfahrt und Wassertemperatur (kostenlos für Android und iOS).
- **Cykelstaden** ist der perfekte Begleiter für den Aktivurlauber, der die Stadt mit dem Fahrrad erkunden möchte: Von der Radwerkstatt bis hin zu „Pumpstationen" bietet die App alle wichtigen Adressen für Radfahrer (kostenlos für iOS).
- **nextbike by TIER** zeigt die Stationen der Styr-&-Ställ-Fahrräder (s. S. 110) und die Anzahl freier Räder an jeder Station an (kostenlos für Android und iOS).

Publikationen und Medien

Wie in den meisten Großstädten weltweit ist auch in Göteborg das breiteste Spektrum an **internationaler Presse** am Hauptbahnhof [M4], also in der Centralstationen, erhältlich. Neben Dutzenden von schwedischen Blättern aus allen Landesteilen ist auch die internationale Presse gut vertreten. Im Bereich der internationalen Publikationen findet man in den Zeitungsständern der Kioske auch viele deutsche Zeitungen und Magazine. Nur die englischen Blätter sind quantitativ noch besser vertreten als die in deutscher Sprache.

In den Sommermonaten bieten auch viele Kioske und Lädchen im Innenstadtbereich fremdsprachige Zeitschriften feil. Einfach mal vor Ort schauen oder sich **mutig eine schwedische Gazette kaufen:** Für deutsche Muttersprachler ist die schwedische Schriftsprache gar nicht so schwer, wie man denken mag. Die Vielzahl an Leihworten aus dem Deutschen macht eine oberflächliche Lektüre durchaus möglich und zumeist findet man schnell heraus, worum es in den Artikeln geht.

Informationsbroschüren, Stadtpläne und aktuelle Veranstaltungskalender in gedruckter Form liegen in vielen Unterkünften und Gastronomiebetrieben kostenfrei aus. Gebündelt und immer erhältlich sind die Publikationen selbstverständlich auch im Göteborger Fremdenverkehrsamt (s. S. 100). Mit einer jährlichen Taktung erscheint das Gratismagazin **Göteborg City Guide**, das in sechs Sprachen (u. a. auf Englisch und Deutsch) auch online bestellt werden kann: https://formogr.am/GzWO5HO7yh. In übersichtliche Kapitel eingeteilt findet man hier viele nützliche Adressen und kurze Erklärungen zu den Attraktionen der Stadt. Hilfreich sind auch – sollte man den Faltplan dieses Buches gerade nicht zur Hand haben – der Stadtplan und die Schären-Übersichtskarte am Ende des Heftchens.

Die zwei wichtigsten Gazetten der Stadt, **Göteborgs Posten** (GP) und **Göteborgs Tidning** (GT), sind Tageszeitungen. Die Göteborgs Tidning (auch als „Expressen" bekannt) ist dabei deutlich näher am Boulevard orientiert, währende die Göteborgs Posten eher das Weltgeschehen analysiert und das Promi-Eifersuchtsdra-

096gb Abb.: ©nrqemi, stock.adobe.com

ma nicht auf Seite eins hebt. Beide bieten jedoch auch einen ausführlichen Lokalteil mit entsprechendem Veranstaltungskalender an.

LGBT+

Schweden pflegt dank seiner **insgesamt liberalen und toleranten Denkweise** eine ebensolche Einstellung in Hinsicht auf Lesben und Schwule. Die Rechte homosexueller Paare sind im Großen und Ganzen mit denen ihrer heterosexuellen Pendants identisch, sie dürfen Kinder adoptieren, die gleichgeschlechtliche Hochzeit ist seit 1995 erlaubt.

2007 wurde zum ersten Mal das HBTQ-Festival (Homo-Bi-Trans-Queer) in Göteborg veranstaltet. Die **West Pride** mit der schrillen Regenbogenparade wächst Jahr für Jahr und wird seit 2011 im Bältespännarparken (s. S. 24) direkt an der Avenyen abgehalten. Die Website der Aktivisten ist unter folgender Adresse zu finden: http://westpride.se.

Wie so häufig finden sich auch in Schweden die wahrzunehmenden Szenen dieser bunten Welt hauptsächlich in den Metropolen wie Göteborg oder Stockholm wieder. Insgesamt betrachtet kann die gleichgeschlechtliche Community jedoch nicht als allzu groß bezeichnet werden, für Touristen ist sie in der Öffentlichkeit auf den ersten Blick nicht unbedingt wahrzunehmen.

Einen Szeneschwerpunkt, an dem sich mehrere schwulenfreundliche Lokalitäten finden, gibt es in Göteborg nicht. Die **Kneipen und Bars sind bunt über das Stadtgebiet verteilt:**

116 [L5] **Bee Bar & Kök,** Stora Saluhallen, Kungstorget 13–15, Tel. 031 133839, www.beebar.se, So.–Do. 11.30–23, Fr., Sa. 11.30–3 Uhr. Die BeeBar passt so richtig in keine Schublade: Sie ist sowohl Restaurant als auch Kneipe, als auch Bar, als auch Club.

Letzteres jedoch nur am Wochenende ab 22 Uhr, wenn der schwule Klub Barbee zur Tanzfläche ruft. Das Motto der Bee-Bar – „Straight Friendly“ – ist Programm: Heteros wie auch Homos sollen sich hier wohlfühlen. Der Club ist absolut zentral in der großen Markthalle am Kungstorget gelegen.

› **Club Queer,** Kungportsportsavenyn 36–38 (in den Räumlichkeiten des Nachtclubs Park Lane, s. S. 65), www.clubqueer.se, wechselnde Termine, online informieren. Ob maskuline Waschbrettbäuche oder breitschultrige „Damen“ jenseits der 1,90 m, einmal pro Monat trifft man sich an der Avenyn zum nächtlichen Tanztee.

117 [L4] **Gretas Göteborg,** Drottninggatan 35, Facebook, Tel. 031 136949, Fr., Sa. 22–5 Uhr. Mit der berühmtesten Greta Schwedens (und der Welt) hat dieses Etablissement absolut nichts zu tun: Hier treffen sich am Wochenende zu Saturday- (und Friday!) Night-Fever die partyfreudigen Mitglieder des Göteborger Schwulenlebens. Im Sommer kann es draußen schon mal wieder hell werden, bevor die letzten Tänzer das Etablissement verlassen.

118 [H6] **Haket Pub,** Masthuggstorget 5, Facebook: Haket – Bar å sånt, Tel. 031 145888, Mo.–Do. 16–23, Fr. 15–1, Sa. 14–1, So. 12–20 Uhr. Von außen betrachtet wirkt der Haket Pub eher wie eine ganz normale, vielleicht etwas rauere Bierkneipe. Letzteres stimmt auch zweifelsohne – mehr als 20 Fassbiere sind im Angebot –, aber das Publikum ist doch ausgesprochen gemischt: Ein buntes HBT-Publikum (Homo-Bi-Trans) und „eingestreute“ Heteros, die auch gerne mal auf den Großbildfernsehern Fußball live gucken, mischen den Laden insbesondere an den Karaokeabenden richtig auf. Jeden Freitag wird um 19 Uhr zum Pubquiz geladen und sonntags gibt es preiswerte Burgermenüs.

Medizinische Versorgung

Aufgrund internationaler Abkommen sind EU-Bürger bei ärztlichen Behandlungen den Schweden gleichgestellt, folglich kommen auch sie relativ problemlos in den Genuss des modernen schwedischen Gesundheitssystems.

Mit der **European Health Insurance Card (EHIC),** die in den meisten deutschen Krankenkassenkarten integriert ist, können notwendige medizinische Leistungen beim Arzt, Zahnarzt oder im Krankenhaus in Anspruch genommen werden. Da man nach dem in Schweden gültigen Recht behandelt wird, kann es durchaus zu Zusatzzahlungen kommen. Sollte es Probleme geben (ein Arzt nimmt die Karte z. B. nicht an und rechnet die Kosten privat ab), ist es in jedem Falle sinnvoll, Rechnungen zu sammeln und diese in der Heimat bei seiner Krankenkasse einzureichen. Bürger aus Nicht-EU-Staaten, also auch Schweizer Staatsbürger, werden für alle medizinischen Behandlungen zur Kasse gebeten.

Zudem können beim Arztbesuch auch Gebühren in Höhe von ca. 100 bis 400 Skr anfallen. Um auch diesen Betrag sowie Leistungen, die nicht im üblichen Versicherungspaket enthalten sind (zum Beispiel ein Rücktransport), erstattet zu bekommen, ist der Abschluss einer **Auslandskrankenversicherung** ratsam, die schon für wenige Cent pro Tag abgeschlossen werden kann. Diese sollte eine Reiserückholversicherung enthalten, denn der Krankenrücktransport wird

Die jährlich im Bältespännarparken stattfindende West Pride ist eine bunte und fröhliche Veranstaltung

von den gesetzlichen Krankenkassen nicht übernommen. Zusätzliche Informationen liefern die jeweiligen Krankenkassen im Heimatland oder auch die „Deutsche Verbindungsstelle für Krankenversicherung – Ausland" (www.dvka.de).

Das moderne schwedische Gesundheitssystem kennt nicht das System niedergelassener Fachärzte, vielmehr wendet man sich bei akuten Problemen an die nächste **Unfallambulanz (Akutmottagning)**, das nächste **Krankenhaus (Sjukhus)** oder **Ärztezentrum (Vårdcentral)**. Bei Zahnarztbesuchen (*Tandläkare*) muss man mit wesentlich höheren Eigenanteilen rechnen.

Über Sprachbarrieren muss man sich beim Arztbesuch keine großen Gedanken machen: Vielfach wird man dort auch auf **deutschsprachige Ärzte** treffen. Medikamente sind in **Apotheken (Apoteket)** erhältlich, in den meisten Fällen allerdings nur gegen Rezept. Ist man auf Medikamente angewiesen oder aber weiß im Voraus, auf welche Medikamente nicht verzichtet werden soll, so empfiehlt es sich, diese aus seinem Heimatland mitzubringen. Geöffnet haben die Apotheken zu normalen Geschäftszeiten, Nachtapotheken sind mit der Bezeichnung *nättöppet* versehen.

Kranken- und Ärztehäuser

119 [K6] **Capio Alléjouren,** Södra Allégatan 6, Tel. 031 7250054, https://capio.se, Mo.–Fr. 17–22, Sa., So. 10–16 Uhr (im Sommer abweichend). Ärztehaus im Zentrum Göteborgs mit allgemeinmedizinischer Ausrichtung und Notaufnahme, kinderärztliche Behandlung.

120 [Q9] **Meliva Vårdcentral Fredriksdal,** Mölndalsvägen 77, Tel. 031 7221190, https://meliva.se/vardcentral-fredriksdal, Mo.–Fr. 7–17 Uhr. Ärztehaus mit einem Schwerpunkt auf Kinderheilkunde.

121 [K10] **Sahlgrenska sjukhuset (Universitätsklinik Sahlgrenska),** Sahlgrenska Universitätssjukhuset, Blå Stråket 5, Tel. 031 3421000, www.sahlgrenska.se, alle Tage, rund um die Uhr. Großer Krankenhauskomplex mit allen medizinischen Fachrichtungen; wenige Hundert Meter südöstlich des Slottsskogen gelegen.

122 [N4] **Folktandvården Akuttandvården (Zahnarzt-Zentrum),** Odinsgatan 10, Tel. 010 4418800, https://folktandvarden.vgregion.se, Mo.–Fr. 8–20, Sa., So. 8–16 Uhr. Zentral gelegenes Zahnärztehaus, das auch bei Notfällen am Wochenende hilft.

Ein für deutsche Muttersprachler lösbares Schilderrätsel

Apotheken

⊕123 [L4] **Apoteket Hjärtat,** Götgatan 12 (Nordstan), Tel. 0771 405405, tägl. 7–22 Uhr (am Wochenende ab 8 Uhr). Im Shoppingcenter Nordstan.

⊕124 [L5] **Apoteket Kronan,** Östra Hamngatan 45 (direkt am Kungsportsplatsen), Tel. 0771 612612, www.kronansapotek.se, Mo.–Fr. 9–19, Sa. 10–16, So. 12–16 Uhr

Mit Kindern unterwegs

Nicht erst seit der PISA-Studie weiß man, dass dank einer **weitsichtigen Familienpolitik** in Schweden offensichtlich anders und vor allem rücksichtsvoller mit Kindern umgegangen wird. Dies wird man als Gast des Landes schnell im Alltag bemerken. In jeder noch so kleinen Kommune finden sich beispielsweise eine Schule, ein Kindergarten, gut ausgebaute Sportanlagen sowie eine Bibliothek. Viele Unterkünfte bieten speziell familiengerechte Zimmer an. Der Personennahverkehr ist gut mit Kinderwagen zu bewältigen, die fast überall vorzufindenden Aufzüge tun ihr Übriges. In den Zügen gibt es ebenso Wickelräume wie in den zahlreichen (öffentlichen) Toiletten. Besucht man mit Kindern Museen oder ähnliche Einrichtungen, so werden dort wie selbstverständlich Kinderwagen angeboten. Kindgerechte Multimediaeinrichtungen oder Führungen eigens für Kinder sind dort ebenfalls keine Seltenheit. Möchte man Kultur ohne den Nachwuchs genießen, so ist dieser in der pädagogisch geschulten Obhut der zahlreichen „Spielzimmer" gut aufgehoben, sogar in den Kirchen findet man spezielle Spielecken.

Zudem empfiehlt es sich, nach Ermäßigungen zu fragen: **Preisnachlässe bis hin zum freien Eintritt** werden in Museen oder bei Veranstaltungen fast immer gewährt, z. B. fahren

Im Vergnügungspark Liseberg ⓫ *können sich die Kleinen nach Lust und Laune austoben*

049gb Abb.: ld

Kinder unter sieben Jahren kostenlos Bus und Bahn. Werden Kindersitze benötigt, so ist dies rechtzeitig bei den Autoverleihern nachzufragen. In Gaststätten gibt es Kindersitze, mitgebrachte Nahrung für Kleinkinder wird dort aufgewärmt. Der Erwerb von Babynahrung oder anderen Kleinkinderutensilien (Windeln, Feuchttücher usw.) gestaltet sich für Besucher auch problemlos: In den Supermärkten, Drogerien und Apotheken findet man alles, was das Mutter- beziehungsweise Vaterherz höher schlagen lässt. Weitere Ratschläge finden sich in den Broschüren „Schweden für Kinder“ und „Göteborg City Guide“, die in der Tourist-Info am Kungsportsplatsen (s. S. 100) ausliegen.

Besonders zu empfehlen und **absolut kindgerecht** sind folgende Attraktionen Göteborgs: Vergnügungspark Liseberg ⓫, Universeum ⓭, Stadtrundfahrt mit den Paddan-Booten (s. S. 20), das Seefahrtsmuseum mit dem angegliederten Aquarium (s. S. 48) und das schwimmende Museum Maritiman ❸, die World of Volvo ⓬ für die etwas Älteren und natürlich auch das spannende Naturhistorische Museum (s. S. 47) mit seinen Dinosauriernachbildungen und gleich daneben der Slottsskogen ㉓ mit Streichelzoo und Ponyreiten.

Den Kern des **Kinder-Kulturhauses Alfons Åbergs** stellt das Theaterensemble dar, das altersgerechte, oftmals sprachunabhängige Stücke aufführt. Und wenn die Aufführung „doof“ ist, dann bietet **Alfons' Fantasiewelt** einen tollen Zeitvertreib: eine gute Gelegenheit, Freundschaften mit schwedischen Kindern zu schließen. Im **Park der Trädgårdsföreningen**, nur wenige Meter südlich des Kulturhauses gelegen, können sich die Kleinen auf einem großzügigen Spielplatz in tollem Ambiente und mit modernsten Kletter- und Schaukelattraktionen richtig austoben.

125 [M4] **Alfons Åbergs Kulturhus,** Slussgatan 1, Tel. 031 154280, https://alfonskulturhus.se, Eintritt: 135 Skr, Kinder 105 Skr (ab einem Lebensjahr), Mo.–Do. wechselnde Öffnungszeiten, Fr.–So. 9–16 Uhr

Notfälle

Die schwedischen Institutionen, die man in Not- und Ausnahmefällen kontaktieren muss, sind ausgesprochen hilfsbereit, freundlich und fast immer in der Lage, einem auch sprachlich (zumeist auf Englisch, manchmal auch auf Deutsch) unter die Arme zu greifen.

› **Notruf** Polizei, Feuerwehr/Ambulanz und Seenotrettungsdienst: Tel. 112

126 [N4] **Polizei (Polisen) Göteborg City,** Stampgatan 28, Tel. 077 1141400 (bei Notfällen Tel. 112)

- •127 [N3] **Fundbüro der Polizei (Göteborg Hittegodscentralen),** Odinsgatan 28b, Tel. 010 5650222, Mo.–Fr. 9–12 und 13–15 Uhr
- •128 [Q2] **Fundbüro Öffentlicher Nahverkehr (Västtrafik),** Ånäsvägen 12, Tel. 010 1730302, Mo.–Fr. 8–19, Sa. 10–16 Uhr
- •129 [M3] **Fundbüro Schwedische Bahn** (SJ Hittegods – Sodexo Lost & Found), Kruthusgatan 1, Mo.–Fr. 12–17 Uhr

Kartensperrung

Bei **Verlust der Debit/Giro-, Kredit- oder SIM-Karte** gibt es für Kartensperrungen eine **deutsche Zentralnummer** (unbedingt vor der Reise klären, ob die eigene Bank bzw. der jeweilige Mobilfunkanbieter diesem Notrufsystem angeschlossen ist). **Aber Achtung:** Mit der telefonischen Sperrung sind die Bezahlkarten zwar für die Bezahlung/Geldabhebung mit der PIN gesperrt, nicht jedoch für das **Lastschriftverfahren mit Unterschrift.** Man sollte daher auf jeden Fall den Verlust zusätzlich **bei der Polizei zur Anzeige bringen,** um gegebenenfalls auftretende Ansprüche zurückweisen zu können.

In **Österreich** und der **Schweiz** gibt es keine zentrale Sperrnummer, daher sollten sich Besitzer von in diesen Ländern ausgestellten Debit- oder Kreditkarten vor der Abreise bei ihrem Kreditinstitut über den zuständigen Sperrnotruf informieren.

Generell sollte man sich immer die **wichtigsten Daten** wie Kartennummer und Ausstellungsdatum **separat notieren,** da diese unter Umständen abgefragt werden.

- › **Deutscher Sperrnotruf:** Tel. +49 116116 oder Tel. +49 3040504050
- › **Weitere Infos:** www.kartensicherheit.de, www.sperr-notruf.de

Öffnungszeiten

Die Öffnungszeiten der Geschäfte sind **recht unterschiedlich,** sodass eine generelle Aussage schwerfällt. Läden öffnen ihre Türen am späten Vormittag ab 10, 11 oder auch schon mal erst um 12 Uhr (bis 18 Uhr), Kaufhäuser öffnen etwas früher. An Wochenenden fallen die Zeiten etwas verkürzt aus, aber viele Geschäfte, vor allem im Innenstadtbereich, laden auch samstags und sonntags zum Einkaufen ein.

Lebensmittelgeschäfte können auch ab 8/9 Uhr geöffnet haben und schließen erst zwischen 20 und 22 Uhr. Dies gilt teilweise auch für das **Wochenende.** Die meisten der 7-Eleven-Shops sind rund um die Uhr an sieben Tagen der Woche geöffnet. Einige offene Bäckereien findet man auch schon ab 6.30 Uhr. In den Sommermonaten können diese Öffnungszeiten etwas abweichen, sie fallen dann in der Regel verkürzt aus. Auch gibt es einige Inhaber, die in dieser Zeit ihre Geschäfte gänzlich schließen, ähnlich wie einige Restaurants. Verkürzte Öffnungszeiten (bis mittags) gelten auch an Tagen vor einem Feiertag.

Wenn man sich bei einem Bankbesuch an den Zeiten zwischen 10 und 15 Uhr orientiert, liegt man meistens richtig. Manchmal gibt es einen Tag in der Woche, an dem längere Zeiten für den Publikumsverkehr existieren (z. B. donnerstags 16.30/17.30 Uhr). Auch haben einige Banken **verkürzte Sommeröffnungszeiten.**

◁ Gummi-Dinos dürfen im Shop des Naturhistorischen Museum (s. S. 47) nicht fehlen

Post

Die Post ist an Schildern mit blauem Posthorn und Krone auf gelbem Hintergrund zu erkennen, manchmal sind die Farben auch genau andersherum. Es gibt blaue Briefkästen für den lokalen Briefverkehr, die innerschwedischen und internationalen Sendungen kommen in die gelben Briefkästen.

Aber nicht nur in den klassischen Postfilialen (Öffnungszeiten Mo.–Fr. 9.30–18, Sa. 10–13 Uhr) kann man **Dienstleistungen rund um das Posthorn** erwerben, sondern auch in Kiosken, kleinen Lebensmittelgeschäften und in diversen Supermärkten, insbesondere in denen der COOP-und ICA-Ketten. Briefmarken kann man auch zusammen mit Cola und Hotdog bei 7-Eleven oder den Läden der Pressbyrån-Kette erstehen.

050gb Abb.: ld

Briefe und Postkarten, die von Schweden in ein anderes europäisches Land verschickt werden, kosten als „1:a-klassbrev" 36 Skr und sollten innerhalb von vier bis fünf Tagen ihr Ziel erreichen.

Informationen zu anderen Postdienstleistungen sind im Web unter www.postnord.se zu recherchieren.

✉**130** [K5] **PostNord Postombud,** Hvitfeldtsplatsen 1, 077 1333310, Mo.–Fr. 7–21, Sa., So. 8–21 Uhr. Hier erhält man alle postalischen Dienstleistungen sowie Brief- und Paketservice.

Radfahren

Göteborg ist, nicht zuletzt dank der vielen Studenten, eine Stadt, die **ideal mit dem Fahrrad zu erkunden** ist. Die wenigen Hügel im Innenstadtbereich sind flott zu umfahren und am Wasser entlang gibt es erfahrungsgemäß keine bergigen Hindernisse. Einfacher und sicherer wird die Erkundung durch ein **Radwegenetz** von über 350 km Länge.

Vor einigen Jahren wurde das von Nextbike betriebene Verleihsystem **Styr & Ställ** (dt. „Lenken und Abstellen") durch die Stadt Göteborg und die Verkehrsbetriebe Västtrafik implementiert. An insgesamt 130 Standorten innerhalb des Stadtgebiets kann man sich als Besucher problemlos ein Rad mieten. Grundvoraussetzung für die Radnutzung ist eine **Registrierung**, die über die **Website** (https://styrochstall.se) oder über die praktische **nextbike by TIER App** (s. S. 103) erfolgen kann. Es gibt drei unterschiedliche Preismodelle, wobei das Jahresabo (300 Skr) sich erst bei einem längeren Aufenthalt rentieren dürfte. Die Monatskarte (90 Skr) lohnt sich schon nach wenigen Fahrten, da 60 Freiminuten inklusive sind und jede weitere halbe Stunde mit 10 Skr abgerechnet wird. Die Einzelfahrt – ohne jegliches Abo – kostet pro angebrochene 30 Minuten 20 Skr. Zum Ausleihen scannt man am Wunschrad den QR-Code (oder man gibt manuell die Radnummer ein) und erhält dann eine vierstellige Nummer, mit der man das Rad freischaltet und sich das Schloss öffnet. Auf der App werden zusätzlich alle Leihstationen und die Anzahl freier Fahrräder angezeigt. An jeder dieser Stationen kann das Gefährt nach der Tour abgestellt werden (stellt man es jedoch außerhalb der Stationen ab, wird eine Strafgebühr von 200 Skr fällig).

Private Anbieter – ohne die 30-Minuten-Regel – sind folgende:

- S131 [K5] **Bike Tour Gothenburg,** Lasarettsgatan 2, Tel. 0735 020612, www.bikegothenburg.com, nach Vereinbarung. Hier kann man Fahrräder auf Tagesbasis mieten und/oder an geführten Radtouren teilnehmen (Dauer 90–120 Minuten, 600 Skr pro Person). Wer die Stadt auf eigene Faust erkunden möchte, kann zwischen dem klassischen 3-Gang-Damenrad mit Körbchen (200 Skr pro Tag) oder dem besser ausgestatteten E-Bike (450 Skr pro Tag) wählen. Fahrradschloss und Helm sind dabei jeweils im Preis inkludiert.
- S132 [P2] **Cykelkungen,** Redbergsvägen 2, www.cykelkungen.se, Tel. 031 184300, Mo.–Fr. 10–18, im Sommer auch Sa. 10–14 Uhr. Der „Fahrradkönig" ist eine der ersten Anlaufadressen bei allem rund ums Velociped, inklusive des Verleihs. Die Tagesmiete für ein Modell mit 24 Gängen beträgt ab 350 Skr, während für ein E-Bike 550 Skr fällig werden. Ab dem zweiten Tag jeweils 150 bzw. 300 Skr.

Sicherheit

Schweden ist insgesamt betrachtet ein äußerst **sicheres Reiseland.** Die Wahrscheinlichkeit, Opfer eines Verbrechens zu werden, ist minimal, solange man sich an in allen Großstädten gültige Grundregeln hält.

Nicht erst seit Winston Churchills Bonmot („Ich glaube nur der Statistik, die ich selbst gefälscht habe") ist allgemein bekannt, dass Statistiken immer vom Standpunkt des Betrachters abhängig sind. Doch die schwedische Kriminalstatistik ist außerordentlich eindeutig: ca. 50 % aller in Schweden begangenen Verbrechen fallen unter die Rubrik „Eigentumsdelikte" und selbige sind auch die Hauptgefahr für Touristen. Plätze und Orte, an denen sich viele Menschen tummeln, sind automatisch ein bevorzugtes Jagdrevier für **Taschendiebe.** Dort sollte man besondere Vorsicht walten lassen, aber auch sonst immer aufmerksam auf seine persönlichen Habseligkeiten achten.

Nächtens ist es zudem keine gute Idee, allein durch **abgelegene Vorstädte** zu schlendern.

Sport und Erholung

Kanu- und Kajakfahren

Göteborg bietet vielfältige Ertüchtigungs- und Erholungsmöglichkeiten. Neben den zahlreichen kommerziellen Angeboten wie Fitnessstudios, Squash-, Badminton- oder Tennishallen gibt es natürlich auch mehrere überdachte Schwimmmöglichkeiten.

Liebevoll gestalteter Briefkasten auf der Schäreninsel Brännö

051gb Abb.: ld

Besonders hervorzuheben, da sie sich deutlich von den gewöhnlichen Angeboten abheben, sind die ausgesprochen **vielfältigen Wassersportmöglichkeiten wie Kajak- oder Kanu fahren.**

Inmitten des Zentrums, direkt am **Lilla Bommen** gelegen, befindet sich ein **Bootsverleih,** der einem die persönliche Wunschausrüstung sehr gern zusammenstellt:

- S133 [L3] **Point 65°N Kayak Center,** Lilla Bommens Hamn, Tel. 031 150103, https://point65.se/pages/goteborg, im Sommer: Mo.–Sa. 10–18, So. 11–16 Uhr. Sowohl stunden-, tages- wie auch wochenweise können hier die schwimmenden Untersätze gemietet werden. Die Preise beginnen ab 349 Skr. Interessant ist auch das Angebot für Stand-Up-Paddling: Die Tagesmiete für die aufblasbaren Boards beträgt 349 Skr.

Eine weitere Verleihfirma, die Kajakbryggan, findet man mitten in der Stadt an der Kungsportsbron. In den Sommermonaten kann man hier Kajaks mieten oder Ausflugstouren mit Guide buchen:

- S134 [M5] **Kajakbryggan,** Kungsportsbron, Tel. 073 3541899, https://kajakbryggan.se, geöffnet: nur in den Sommermonaten und nach Wetterlage. Kajak oder Tretboot ab 150 Skr pro Stunde.

Zum Paddeln in Süßwasser bieten sich zwei Verleiher in relativer Innenstadtnähe an.

- S135 **Näsets Paddlarklubb/Delsjön Kanotuthyrning,** Sjölyckan, am nördlichen Ende des Stora Delsjön, am besten mit dem eigenen Auto zu erreichen, Tel. 031 403488, www.npk.nu, Mitte Juni–Mitte August täglich 10–20 Uhr, Mai–Mitte Juni und Mitte August–September nur an den Wochenenden 11–18 Uhr. Kanadier ab 175 Skr für zwei Stunden, pro Tag 350 Skr (nur Kreditkartenzahlung).
- S136 **Stensjö Center,** Rådavägen 6, Mölndal, ab Busterminal Heden mit der Buslinie 753 bis zur Haltestelle Tallkottegatan, von dort nur 50 m per pedes, Tel. 031 274884, www.stensjocenter.se, April, Mai und Mitte August–Mitte Sept. Sa., So. 11–19, Juni tägl. 11–21, Juli–Mitte August tägl. 10–21 Uhr. Die Kanumiete auf dem ausgesprochen ruhigen Stensjö beginnt ab 90 Skr pro Stunde, für einen ganzen Tag 350 Skr. Alternativ – für „Semi-Wasserenthusiasten" – kann man an der Anlage auch Abenteuergolf spielen: Das ist so etwas wie Minigolf für Rocker (75 Skr p. P.)!

Die Kajakvermietung am Hafen Lilla Bommen ermöglicht die Erkundung der Stadt vom Wasser aus

MEIN TIPP

Freizeitoase im Freihafen

Anlässlich des 400. Stadtgeburtstags, der 2021 gefeiert wurde, entsteht seit einigen Jahren eine neue Attraktion in Göteborg: der **Jubiläumspark.** Auf dem Areal des ehemaligen Freihafens auf der Nordseite des Göta älvs wird seit 2015 gebaut und Stück für Stück entwickelt sich eine einmalige, zentral gelegene Freizeitoase für die Großstädter. Spektakulär – architektonisch und ästhetisch – ist der abwechslungsreiche **Badepier** mit diversen Stegen, einer rollstuhlgerechten Badespirale und einem Freiluft-Süßwasserbecken. Feierlich eröffnet wurde die Anlage im Sommer 2023 von König Carl Gustaf und Königin Sylvia. Direkt daneben wird seit Winter 2023/2024 auf dem Fundament eines alten Hafenkrans eine moderne **Sauna** gebaut. Auf der Landseite gibt es zudem einen künstlerisch inspirierten **Spiel- und Lernpark** sowie eine **Skateranlage.**

S138 [J2] **Jubileumsparken,** Frihamn 7, https://goteborg.se/wps/portal/enhetssida/jubileumsparken

Baden

Zum **Baden** bieten sich an der Meeresküste und auch an den Binnenseen in der Göteborger Peripherie **unzählige Möglichkeiten** an. Insbesondere an der südlichen Küste reiht sich Badestelle an Badestelle und davor liegt der Schärengarten 26 mit seiner ausgedehnten Küstenlinie.

Wer sicher gehen will, dass er keine der unzähligen Badestellen verpasst oder nur die allerschönsten ansteuern möchte, der sollte die **App Badplatsen Göteborg** (s. S. 103) auf seinem Handy installieren und sich digital führen lassen.

Angeln

Große Fische fangen kann man in Göteborg! Dabei muss man sich zwischen zwei Alternativen entscheiden: Süß- oder Salzwasserangeln ist hier die Frage. Beim **Süßwasserfischen** benötigt man in den meisten Gewässern im Großraum Göteborg die *Gula Kortet,* die **Gelbe Angelkarte,** die das Angeln in 60 Seen erlaubt. Diese Gelbe Karte kostet für 24 Stunden 100 Skr und für eine komplette Woche 200 Skr. Dabei kann es einem durchaus passieren, dass man sich im Kampf mit dem Weißen Hai wähnt: Der aktuelle Fangrekord für Hecht liegt bei 21 kg (gefangen im Vättern) und der für Karpfen bei unglaublichen 32,4 kg (gefangen im Stubbetorpssjön).

Weitere Rekorde, aber auch alle anderen notwendigen Informationen sowie die Gelbe Karte erhält man beim schwedischen Sportanglerverband, Dependance Göteborg.

S137 **Sportfiskarna,** Sjölyckan 6, Tel. 031 401740, www.sportfiskarna.se/Fiske/Fiske-i-Göteborg

Beim **Angeln auf See** benötigt man keine Angelkarte, aber eine robustere Ausstattung. Die Fangchancen erhöhen sich massiv, wenn man mit einem Boot aufs offene Meer hinausfährt. Diverse Bootsbesitzer offerieren deshalb halb- bzw. ganztägige Angeltouren. Nachfolgend eine kleine Auswahl:

› **Göteborg Fishing,** Tel. 0730 274800, www.goteborgfishing.com. Die Angelexperten von Göteborg Fishing bieten von speziellen Fliegenfischen-Kursen bis hin zu Ganztagstouren auf dem offenen Meer mit dem eigenen Boot (p. P. ca. 1250 Skr bei vier Teilnehmern) das ganze Spektrum an.

› **Daisy Charter Fishing,** Boot legt an der Hjuviks Brygga in Hjuvik (siehe Umgebungskarte auf dem Faltplan) an/ab, mit dem RØD Bus ab Busterminal Richtung Lilla Varholmen bis Haltestelle Majvik (Fahrzeit 35 Min.), ab dort 10 Min. Fußweg, Tel. 031 963018, www.daisy.se, im Betrieb: Apr.-Okt., mind. acht Personen. Eine sechsstündige Fahrt kostet pro Person 830 Skr mit eigener Angelausrüstung und 950 Skr mit geliehener Rute.

Sprache

Hinsichtlich **Fremdsprachen** sind die Göteborger, wie auch die meisten Schweden, eine Klasse für sich. Neben dem intensiven Fremdsprachenunterricht schon in frühester Kindheit und den nicht synchronisierten Filmen kommt auch noch das kosmopolitische Element hinzu. Göteborg hat weitverzweigte internationale Verbindungen und durch den Hafen kommen alljährlich viele nicht Schwedisch sprechende Personen in die Westküstenmetropole – mit denen muss man sich auch unterhalten beziehungsweise mit ihnen Geschäfte machen können.

Mit **Englisch** kommt man in 90% der Situationen weiter, aber häufig klappt es auch auf **Deutsch,** da dies zumeist die zweite (oder dritte) Fremdsprache ist. Wer nun noch einige Worte oder sogar Sätze auf **Schwedisch** beisteuern kann, der wird mit größtem Wohlwollen betrachtet und sicherlich ob seiner „brillanten" Schwedischkenntnisse von den Muttersprachlern hoch gelobt werden. Erste Gehversuche – um Komplimente der Schweden zu „provozieren" – kann man mit der „Kleinen Sprachhilfe" im Anhang (s. S. 130) tätigen.

Hilfreich, um das kommunikative Eis zu brechen, ist hierbei der Sprachführer **Schwedisch – Wort für Wort,** der in der Kauderwelsch-Reihe des Reise Know-How Verlags erschienen ist.

⊡ *Die Paddan-Boote gehören zum Göteborger Stadtbild wie die roten Doppeldeckerbusse zu London*

Stadttouren

Ob per Bus, Boot oder klassisch zu Fuß – Göteborg kann auf vielerlei Art erkundet werden. Geführte Touren ermöglichen, in einem übersichtlichen Zeitrahmen die Hauptsehenswürdigkeiten zu sehen oder auch versteckte Kleinode zu entdecken. Mit den grünen **Hop-on-Hop-off-Bussen** lernt man die Stadt, vor allem den Innenstadtbereich, gut kennen. Dabei kann man an insgesamt acht Haltestellen zu- oder aussteigen. Während der Fahrt erhält man alle wichtigen Infos zu Stadt und Sehenswürdigkeiten in einer von sechs wählbaren Sprachen – selbstverständlich auch auf Deutsch. An der zentralen Haltestelle Kungsportsplatsen kann man die ganze Saison über die Fahrkarten kaufen (Onlinekauf ist auch möglich). Die Fahrkarten gelten für 24 Stunden (April–Sept., 325 Skr, Kinder 6–15 Jahre 163 Skr).

Ebenfalls im Angebot sind die 50-minütigen Rundfahrten mit den Paddan-Booten (Ende März–Anfang Nov., 250 Skr, Kinder 6–15 Jahre die

052gb Abb.: ld

Mein Tipp

Mit dem E-Boot über die Kanäle

Wer möchte nicht einmal selbst als Kapitän Göteborg vom Wasser aus erkunden? Die Firma Let's Boat macht das möglich. Für eine, zwei oder drei Stunden können deren kleine, elektromotorisierte Boote (max. 12 Personen) ausgeliehen werden (ab 895 Skr), für deren Steuerung kein Führerschein benötigt wird. Jedoch muss zuvor online reserviert werden.

- •139 [L4] **Let's Boat,** Fontänbron (Brücke an der Östra Hamngatan, die über den Stora Hamnkanal führt), Tel. 031 991111, https://letsboat.se, geöffnet: nur im Sommerhalbjahr, je nach Wetterlage, Reservierung notwendig

Hälfte, s. S. 20). Wer sich nicht zwischen den Transportmitteln entscheiden kann, wählt die **Kombination aus Bus und Paddan-Boot** als Hop-on-Hop-off-Variante (Anfang Juli–Mitte August, 24 Std. für 470 Skr, Kinder 6–15 Jahre 235 Skr). Weitere Informationen findet man auf der Website www.stromma.com/sv-se/Goteborg.

Attraktiv ist auch das sommerliche und weihnachtliche Angebot der Vereinigung der Straßenbahnfreunde Göteborgs. Für 30 Skr kann man **mit Straßenbahn-Oldtimern** gemächlich durch die Innenstadt zuckeln und eine ausgesprochen günstige Stadtrundfahrt genießen.

› **www.ringlinien.org**

Zu den wirklich empfehlenswerten Rundfahrten zählen die Touren mit den Paddan-Booten durch Göteborgs Kanäle (s. S. 20) und die Säveån-Tour (s. S. 76). Eine aquatische Alternative sind die eigenständigen Kajakfahrten (s. S. 111) auf den **Göteborger Wasserwegen.**

Abwechslungsreiche Stadtspaziergänge kann man bei „Walknet – Göteborg till fots“ buchen. Dabei variieren Dauer (90–150 Min.) und Inhalte. Infos unter Tel. 0720 644207 oder www.walknet.se.

Historische Stadtwanderungen in den Sommermonaten organisiert auch das Stadsmuseum Göteborg 5. Die Touren dauern 60 bis 90 Minuten und führen die Teilnehmer zurück ins Göteborg des 17. Jh. Nähere Infos unter https://goteborgsstadsmuseum.se (Suchbegriff: „stadsvandringar“).

Stadtwanderungen auf ganz andere Art unter dem Motto **Gothenburg Ghost Walk** erfreuen sich großer Beliebtheit. Ob es sich nun um Wanderungen auf den Spuren der Stadtgeister handelt oder man in das Göteborg des Zweiten Weltkriegs zurückversetzt wird – das ist Stadtgeschichte zwischen Metaphysik und Spionage (Preis p. P. 100 Skr). Leider werden die Wanderungen bisher nur auf Schwedisch unternommen, aber bei entsprechender Nachfrage kann sich das ja auch ändern.

› Facebook: Gothenburg ghost walk

Telefonieren

Trotz der Größe des Landes ist das Netz der Telekommunikations-Sendemasten ausgesprochen dicht geknüpft. Selbst in den abgelegensten, spärlich besiedelten Regionen Nordschwedens hat man fast immer eine Netzanbindung.

In der EU kann man mit dem eigenen Smartphone zu heimischen Preisen telefonieren und surfen. Es gelten die gleichen Bedingungen wie zu Hause, sodass die Konditionen der eigenen Flatrate – egal, ob zum Telefonieren oder zum mobilen Surfen – Anwendung finden. Nur bei sehr hohem und regelmäßigem Verbrauch im Ausland können die Provider eine Sondergebühr verlangen, um einem möglichen Missbrauch vorzubeugen.

Bei nationalen Gesprächen innerhalb Schwedens, egal ob zu Handys oder Festnetzanschlüssen, wählt man die jeweilige **Vorwahl** mit der 0. Das bedeutet, dass man z. B. **bei einem Anruf ins Festnetz von Göteborg die 031** vor der eigentlichen Nummer wählt. Befindet man sich jedoch im Stadtgebiet und ruft von Festnetz-

080gb Abb.: ld

zu Festnetzanschluss an, entfällt die Vorwahl 031. Möchte man von Schweden aus in **Deutschland** anrufen, wählt man zuerst **0049** und dann die deutsche Vorwahl ohne 0. Bei Anrufen in die **Schweiz** und nach **Österreich** gelten die Vorwahlen **0041** bzw. **0043**. Bei Telefonaten nach **Schweden** lautet die Landesvorwahl **0046**, d. h., ein Festnetzanschluss in Göteborg hätte die Vorwahl 0046 31.

Trinkwasser

Das schwedische Leitungswasser hat landesweit eine **hervorragende Qualität** und in Schweden wird deshalb deutlich weniger in Flaschen abgefülltes Mineralwasser verkauft als in Deutschland. Und es kommt noch viel besser: In allen **Cafés und Restaurants wird kostenlos Wasser** gereicht. Entweder steht es bereits in einer Karaffe auf dem Tisch oder kann an einem Zapfhahn selber frisch eingeschenkt werden. Wenn dem nicht so sein sollte, hilft ein kurzes Nachfragen beim Fachpersonal.

Uhrzeit

In Schweden gilt wie auch in Deutschland, Österreich und der Schweiz die **Mitteleuropäische Zeit** (MEZ). Ebenso wie im kontinentalen Mitteleuropa werden auch in Schweden die Uhren Ende März auf die Mitteleuropäische Sommerzeit (MESZ) umgestellt, um dann im Herbst wieder eine Stunde zurückgedreht zu werden.

◁ *An Wasser herrscht in Göteborg kein Mangel – so wie hier unter der imposanten Älvsborgsbron [B8]*

Unterkunft

Grundsätzlich gibt es zwischen der Hotelsituation in Mitteleuropa und in Schweden keine größeren Unterschiede. Auch preislich bewegen sich die Unterkünfte in ähnlichen Dimensionen, wobei der Norden jedoch etwas größere Löcher im Portemonnaie hinterlässt.

Das Spektrum reicht dabei von einfachen Unterkünften wie Jugendherbergen (*Vandrarhem*) oder Hostels über einfache Hotels, oft noch Familienbetriebe, und die preislich relativ attraktiven Angebote der internationalen Hotelketten bis hin zu noblen Edelherbergen mit nach oben weitgehend offener Preisgestaltung.

Die unten folgende Auswahl hat einen geografischen und preislichen Schwerpunkt: Die meisten der aufgeführten Unterkünfte liegen im Innenstadtbereich, sodass die touristischen Attraktionen einfach per pedes zu erreichen sind. **Preislich liegt der Schwerpunkt auf dem unteren und mittleren Segment.**

Einige Besonderheiten im schwedischen Hotelgewerbe sollte man jedoch beachten, um eine für sich optimale Übernachtungsmöglichkeit zu finden. Preisrelevante Faktoren sind bekanntlich Reisezeit und Wochentag, aber in Schweden wird das ansonsten wohlvertraute Schema teilweise auf den Kopf gestellt: So gibt es in den größeren Städten **im Hochsommer oft Rabattaktionen** – beispielsweise drei Nächte zum Preis von zweien –, um Gäste in die Herbergen zu locken, da sich zu der Zeit viele Schweden im Auslandsurlaub befinden und auch die Geschäftsreisenden in den Sommermonaten ausbleiben (Ausnahme hierbei sind die attraktiven Küstenorte und reinen

054gb Abb.: ld

Sommer-Touristenziele, in denen von Mai bis September die Preise massiv anziehen).

Oft sind auch die Tarife in den Nächten auf **Samstag und Sonntag deutlich reduziert**, sodass man im Vergleich zu den Preisen unter der Woche schnell mal 30 bis 40 Prozent sparen kann. Fragen nach besonderen Paket- oder Aktionsangeboten kosten nichts und bei Erfolg entlastet man die Reisekasse schnell um einige Hundert Kronen oder man nächtigt dann zum gleichen Preis in einer höheren Kategorie. In den Internetauftritten der Hotels werden diese Schnäppchen zumeist offen angepriesen.

Für Besucher, die mit eigenem Automobil anreisen, bieten die meisten Hotels eine kostenpflichtige **Parkmöglichkeit** in der Nähe der Herberge an. Diese muss dann auf Tages- bzw. Wochenbasis bezahlt werden. Ab drei, vier Nächten ist oft der Wochentarif günstiger als die Einzelabrechnung – auch hier kann man durch Nachfragen Geld sparen.

Buchungsportale

Neben Buchungsportalen für **Hotels** (z. B. www.booking.com, www.hrs.de oder www.trivago.de) bzw. für **Hostels** (z. B. www.hostelworld.com) gibt es auch Anbieter, bei denen man **Privatunterkünfte** buchen kann. Portale wie www.airbnb.de oder www.wimdu.de vermitteln Wohnungen, Zimmer oder auch nur einen Schlafplatz auf einer Couch. Diese oft recht günstigen Übernachtungsmöglichkeiten sind nicht unumstritten, weil manchmal normale Wohnungen gewerblich missbraucht werden. Einige Städte greifen deshalb regulierend ein.

☐ *Das Hotell Barken Viking auf der Viermastbark „Viking“ liegt am Ufer des mächtigen Göta älv*

Die **Jugendherbergen** bieten das kostengünstigste Dach über dem Kopf. Durch Mitgliedschaft in der Svenska Turistföreningen (s. S. 123) kann man pro Nacht und Person um die 50 Skr sparen. Ein weiterer Preissenker ist die Mitnahme von eigener Bettwäsche, da private Schlafsäcke zumeist nicht erlaubt sind und die Mietgebühr für das Bettzeug ebenfalls um die 50 Skr pro Person pendelt. Die Wahl eines Mehrbettschlafplatzes entlastet die Reisekasse ebenfalls und wenn man all diese Tipps beherzigt, kann man in Göteborg für schlanke 200 bis 250 Skr pro Nacht sein Haupt betten.

Eine Alternative in Göteborg stellen die **Bed-and-Breakfast-Angebote** dar. Entweder mietet man hier semiprivat ein Zimmer für zwei oder drei Personen oder aber ein komplettes Apartment mit eigener Küche. Letzteres ist ein wahrlich attraktives Angebot, da man sich dort auch sein eigenes Essen zubereiten kann, ohne auf die Privatsphäre zu verzichten. Unter folgenden Adressen findet man die entsprechenden Angebote:

› www.vrbo.com
› www.bedandbreakfast.eu/de

Für Freunde der Übernachtung in Zelt, Wohnwagen oder Holzhütte – also die Ritter des Campingplatzes – bietet folgende Website interessante Informationen. Die **Campingmöglichkeiten** in beziehungsweise bei Göteborg liegen jedoch alle eher dezentral und man ist somit immer auf ein Verkehrsmittel angewiesen, um in die Stadt zu kommen:

› www.camping.se

Folgende Onlineangebote erleichtern die Suche nach einer Unterkunft:

Preiskategorien Unterkünfte

Die Übernachtungspreise variieren selbstverständlich. Wegen dieser Preisschwankungen sind die angegebenen Preiskategorien eher als Anhaltspunkte zu sehen (Einteilung geschieht nach Preis pro Doppelzimmer inkl. Frühstück).

€	bis 600 Skr (bis 55 €)
€€	600–1000 Skr (55–90 €)
€€€	1000–1500 Skr (90–130 €)
€€€€	über 1500 Skr (über 130 €)

› **www.goteborg.com:** Seite des Fremdenverkehrsamtes in Göteborg, Suche nach Übernachtungskategorien wie Hotel, Jugendherberge, Camping usw., deutsches Menü möglich, telefonisch unter Tel. 031 3684200 erreichbar
› **www.visitsweden.com:** Hier sind eher ungewöhnliche Unterkünfte gelistet.

Hotels

🏨**140** [L5] **Avalon Hotel** €€€€, Kungstorget 9, Tel. 031 7510200, www.avalonhotel.se. **Für Liebhaber guten Stils:** Das Avalon mit seiner stilsicheren Inneneinrichtung und dem geschmackvollen Interieur ist eine der Topadressen der Stadt. Im Herzen der Stadt gelegen bietet das Hotel – ähnlich wie das Restaurant des Hauses – nur Erstklassiges. Aber das hat, wie kaum anders zu erwarten, auch seinen Preis.

🏨**141** [M5] **Best Western Allén** €€, Parkgatan 10, Tel. 031 101450, www.bestwestern.se. **Absolut zentrale Lage:** Zwischen den Parkanlagen der Trägårdsföreningen, dem Gamla Ullevi Stadion und der Avenyn gelegen, ist man mitten im Geschehen, egal in welcher Richtung man das Hotel verlässt.

142 [M4] **Hotel Eggers** €€€€, Drottningtorget, www.hoteleggers.se, Tel. 031 3334440. **Architektonische Perle in zentraler Lage:** Das schön erhaltene Jugendstilgebäude liegt direkt am Hauptbahnhof, an dem die Flughafenbusse enden bzw. abfahren und alle Fernreisezüge stoppen – also verkehrstechnisch ideal. In dem mondänen Hotel hielten sich während des Ersten Weltkriegs viele russische Dissidenten und Revolutionäre auf, im Zweiten Weltkrieg gaben sich hier Diplomaten und Spione die Klinke in die Hand. Und diese Atmosphäre meint man noch heute in den individuell eingerichteten Zimmern spüren zu können.

143 [O6] **Hotel Gothia Towers** €€€, Mässans Gata 24, Tel. 031 7508800, https://gothiatowers.com. **Imposanter Komplex mit Aussicht:** unmittelbar am Messegelände und am Vergnügungspark Liseberg 11 gelegen, spricht sowohl Geschäftsreisende wie auch Touristen an. Die über 1200 Zimmer verteilen sich auf den West- und den Ostturm mit 23 respektive 18 Stockwerken. Aus den höheren Etagen hat man eine fantastische Aussicht auf die Stadt – ebenso wie aus dem Restaurant Heaven 23 (s. S. 55), das sich ebenfalls in dem Gebäudeblock befindet.

144 [L3] **Hotell Barken Viking** €€€, Lilla Bommens torg 10, Tel. 031 635800, https://dialoghotels.se/en/hotels/hotel-barken-viking. **3-Sterne-Hotel auf dem Wasser:** Seit etlichen Jahren liegt die Viermastbark „Viking" fest vertäut im Hafen von Göteborg und wird ihren Liegeplatz vermutlich auch nicht so bald verlassen: Die Masten des stolzen Segelschiffes sind nämlich höher als die Brücke über den Götafluss Richtung offenes Meer. Die Atmosphäre auf dem Hotelschiff ist einmalig und die Zimmer bzw. Kabinen, größer als man es erwartet. Während man sich früher in der preiswerten Zimmerkategorie noch die Nasszellen mit anderen Gästen teilen musste, sind nach einer grundlegenden Renovierung nun alle Zimmer mit eigenem Bad/WC ausgestattet.

Die Zimmer in den oberen Stockwerken der Gothia Towers am Messegelände bieten eine fantastische Aussicht

055gb Abb.: ld

🏨145 [L6] **Hotel Poseidon** €€, Storgatan 33, www.hotelposeidon.com, Tel. 031 100550. **Gemütlicher, kleiner Familienbetrieb:** In der Nähe der Universität und dem nächtlichen Epizentrum der Avenyn gelegen, ist das Poseidon mit seinen 49 Zimmern das ideale Sprungbrett der kurzen Wege ins Nachtleben. Die studentische Gastronomie befindet sich in zwei- bis dreiminütiger Gehdistanz.

🏨146 [L5] **Hotel Vanilla** €€€, Kyrkogatan 38, Tel. 031 7116220, www.hotelvanilla.se **Mit Café-Anschluss:** Wo man heute in 32 charmant eingerichteten Zimmern nächtigen kann, wurde vor Jahren noch Kautabak in Dosen gefüllt. Das historische Gebäude des Vanilla Hotels liegt in der Nähe der Domkirche 8 und somit mitten in der lebendigen Innenstadt Göteborgs. Das Frühstücksbüfett wird im ehemaligen Kafé Vanilj serviert in dem, wie im ganzen Haus, drahtloser Onlinezugriff möglich ist.

🏨147 [L6] **Hotel Vasa** €€, Viktoriagatan 6, Tel. 031 173630, www.hotelvasa.se. **Gemütlich im skandinavischen Stil:** Das von der Besitzerfamilie geführte Haus liegt im Stadtzentrum zwischen Universität 17 und Hagakirche 18. Die Zimmer sind freundlich eingerichtet und das inkludierte Frühstücksbüfett kann man im Sommer im idyllischen Innenhof zu sich nehmen. Besondere Angebote: die Zimmer/Suiten mit Whirlpool oder das DZ mit 105-cm-Bett für Frischverliebte.

🏨148 [D6] **Quality Hotel 11** €€€, Maskingatan 11, Tel. 031 7791111, www.strawberryhotels.com/hotels/quality. **Direkt am Wasser:** Näher am Wasser wohnen geht nicht! Das Hotel 11 liegt in Eriksberg direkt am Kai und man hat einen tollen Ausblick auf die Stadt und die Hafenanlagen. Bei Auswahl und Gestaltung des Interieurs haben zweifelsfrei Menschen mit innenarchitektonischem Fingerspitzengefühl mitgearbeitet – sehr gelungen. Manko jedoch: Die Innenstadt erreicht man nur mit der Pendelfähre oder dem Bus. Nur Kreditkartenzahlung möglich.

🏨149 [C8] **Quality Hotel Waterfront** €€€, Adolf Edelsvärds gata 10, Tel. 031 7202200, www.strawberryhotels.com/hotels/quality. **Beeindruckende Aussich-**

⌃ *Nächtigen in einer ehemaligen Brauerei: das Quality Hotel Waterfront im Viertel Klippan* 22

Mein Tipp

Mini-Apartments direkt am Kai

Eine ausgezeichnete Alternative zu regulären Hotels oder Jugendherbergen sind die Waterfront Cabins im Freihafen bzw. am Jubileumsparken (s. S. 113). Hier kann man für relativ kleines Geld funktionale **Studiolofts** inkl. kleiner Küchenzeile mieten, teilweise mit Flussblick.

156 [J2] **Waterfront Cabins** €€, Kvillepiren 12, Tel. 031 122193, https://waterfrontcabins.se

ten: In der vormaligen Carnegie Porter Brauerei direkt am Göta älv gelegen, kann man vom Hotel den Blick auf den Fluss, das offene Meer und die dynamische Konstruktion der Älvsborgsbrücke genießen. Das historische Gebäude bietet insbesondere an den Wochenenden preislich sehr attraktive Angebote. Das Waterfront ist ein bargeldloses Hotel, ohne Kreditkarte kommt man hier also nicht zum Zuge.

150 [J5] **Riverton Hotel** €€€, Stora Badhusgatan 26, Tel. 031 7501000, www.riverton.se. **Hotel mit freier Sicht auf den Hafen:** Allein schon der Besuch der im Hotel integrierten Skybar mit einem spektakulären Panorama-Ausblick über den Göteborger Hafen lohnt den Besuch. Helle, funktionale Zimmer – teilweise mit Hafenblick – und die zentrale Lage machen das Riverton zu einem perfekten Sprungbrett für Göteborg-Entdeckungen.

151 [J5] **Sure Hotel by Best Western Center** €€€, Stora Badhusgatan 28, Tel. 031 174050, www.bestwestern.se. **Für Naschkatzen:** Fast direkt am Göta älv gelegen, bietet das Comfort Hotel helle Zimmer, die jedoch nicht zu den größten ihrer Kategorie zählen. Tolle Serviceidee: Den ganzen Tag über gibt es gratis Kaffee und Kekse und tägl. von 16 bis 21 Uhr lädt das Hotel zum Waffelbüfett mit Sahne und Konfitüre ein!

Jugendherbergen

152 [I6] **Göteborgs Mini-Hotel** €, Tredje Långgatan 31, Tel. 031 241023, www.goteborg.minihotel.se. **Zentrale Lage:** Wenige Hundert Meter westlich des historischen Viertels Haga 19 gelegen, befindet sich das einfache und preiswerte Mini-Hotel. Obwohl es den Namen Hotel trägt, ist es doch eher als Jugendherberge zu klassifizieren: Gemeinschaftsraum, Küche zur privaten Nutzung oder Waschmaschine sind integrale Bestandteile dieser Herberge. Preislich eines der attraktivsten Angebote im Stadtzentrum.

153 [P8] **Göteborgs Vandrarhem** €, Mölndalsvägen 23, Tel. 031 401050, www.goteborgsvandrarhem.se. **Klassische Jugendherberge:** Die Zimmer der Göteborger Jugendherberge, die südlich des Zentrums in der Nähe des Vergnügungsparks Liseberg 11 lokalisiert ist, sind mit Boxspringbetten ausgestattet. Alle typischen Jugendherbergseinrichtungen wie Küche, Aufenthaltsraum, WLAN oder Bügeleisen und -brett sind vorhanden. Das breit gefächerte Frühstücksbüfett kostet 115 Skr und es kann im Sommer auf der sonnigen Terrasse verkostet werden.

154 [I8] **Slottsskogens Vandrarhem** €, Vegagatan 21, www.sov.nu, Tel. 031 426520. **Gesundes, nachhaltiges Frühstück:** Wer ausgiebig und nachhaltig in den Tag starten will, ist hier genau richtig: köstliches Frühstücksbüfett mit Produkten, die fast alle mit dem schwedischen Ökosiegel ausgezeichnet sind. In der Nähe der nachtaktiven Linnégatan und einen Steinwurf vom Naturhistorischen Museum entfernt, stellt die Jugendherberge ein gutes Sprungbrett für alle Aktivitäten dar.

155 [P8] **Spoton Hostel & Vandrarhem** €-€€, Mölndalsvägen 3, Tel. 031 401296, www.spotonhotell.se. **Gesellige Herberge:** Das Spoton verfügt über einen Hoteltrakt (jeweils mit individuellem Bad/WC) und einen Hostelbereich mit Mehrbettzimmern und kollektiven Nasszellen. Die Hostelzimmer sind funktional, sauber und modern. Ein beliebter allgemeiner Aufenthaltbereich und die angeschlossene Sportsbar sorgen – wenn man es denn anstrebt – für regen Austausch mit anderen Gästen.

157 [H6] **STF Stigbergslidens Vandrarhem** €, Stigbergsliden 10, Tel. 010 1902480, www.svenskaturistforeningen.se/boende/stf-goteborg-stigbergsliden-vandrarhem. **Seemannsfeeling:** In einem ehemaligen Seemannsheim logiert heute die Jugendherberge Stigbergsliden. Frühaufsteher können morgens die Fischauktion am Göta älv besuchen, von der Masthugget-Kirche (21) den Blick über die Stadt genießen oder im Seefahrtsmuseum der maritimen Historie auf den Grund gehen: All diese Sehenswürdigkeiten liegen nur wenige Minuten entfernt. Ansonsten klassisches JH-Angebot mit freundlichem Personal.

Bed and Breakfast

158 [M6] **Le Mat Bed & Breakfast** €€, Kristinelundsgatan 13, Tel. 031 204800, www.lemat.nu. **Zentraler kann man in Göteborg kaum wohnen:** nur 50 m bis zur Kungsportsavenyn (15). Gepflegte Zimmer und ein solides Frühstücksbüfett. Allerdings sollte man beachten, dass die „Economy-Doppelzimmer“ keine Fenster haben, die kaum teureren regulären DZ jedoch schon.

159 **Nääs Slott** €€-€€€, Nääs Allé 12, Floda, Tel. 0302 31839, www.naas.se, DZ ab 795 Skr. **Wohnen im Schloss:** Eine Unterkunft der ganz besonderen Art findet man im und beim Schloss Nääs. Sowohl im Schloss als auch in den umliegenden Gebäuden kann man wunderschöne Zimmer oder die märchenhafte Suite „Selma“ (ab 1595 Skr) mieten, die noch mit einer Inneneinrichtung aus der Zeit um 1900 aufwarten können. Sehr ruhig und idyllisch im Grünen gelegen, ohne eigenes Transportmittel jedoch nur bedingt zu empfehlen, da es ca. 30 km östlich von Göteborg liegt.

MEIN TIPP

Mitgliedskarte der „Svenska Turistföreningen“

Als Mitglied in der schwedischen Touristenvereinigung erhält man in den meisten **Jugendherbergen** einen **Rabatt,** in der Regel 10–25 %, auf die Übernachtungspreise. Die Karte kann man unter www.svenskaturistforeningen.se bestellen oder einfach vor Ort jeweils in den Unterkünften erstehen. Der Preis beträgt 345 Skr und für junge Menschen unter 26 Jahren nur 195 Skr. Deshalb sollte man kurz gegenrechnen, ob sich der Kauf auch wirklich lohnt.

Verhaltenstipps

Die Göteborger, wie eigentlich fast alle Schweden, sind **sehr harmoniebedürftig.** Über Inhalte wird viel und gern diskutiert, politische Meinungsverschiedenheiten werden sachlich ausgefochten und in den Medien thematisiert, Pros und Kontras unvoreingenommen aufgelistet und gegeneinander abgewogen. Doch der Diskussionsstil ist dabei (fast) immer fair und menschlich korrekt. Ein offener Streit mit lauter Stimme oder sogar persönlichen Beleidigungen ist in der schwedischen Öffentlichkeit undenkbar, da der laute oder ausfallende Diskutant bei den Zuhörern – alle Inhalte hintenanstellend – jegliche Unterstützung sofort verlieren würde. Konflikte werden nicht unterhalb der sachlichen Ebene ausgetragen – das ist schlichtweg nicht salonfähig.

Auch im Alltag spürt man diese **individuelle Verantwortung für das Gemeinwesen** und der Umgangston zwischen den Menschen ist sachlich bis freundlich. An der Bushaltestelle reiht man sich selbstverständlich am Ende der Warteschlange ein. In vielen Institutionen wie Post, Bank, Apotheke oder an Info-Schaltern gibt es kleine Automaten, an denen jeder Kunde eine Nummer zieht und erst beim Aufrufen dieser Nummer zum Schalter vorrückt. (Auch für Touristen sehr wichtig: Nicht vergessen, einen Nummernzettel zu ziehen!) Beim Betreten eines Restaurants – Ausnahme sind Imbissbuden oder Fast-Food-Restaurants – wartet der Gast geduldig im Eingangsbereich auf den *hovmästare,* den Oberkellner. Erst dieser geleitet einen dann zu einem freien Tisch. Wer forsch vorpreschend den erstbesten Tisch besetzt, gilt als überaus unhöflich und selbst Touristen sollten hier nicht auf den „Ausländerbonus" hoffen.

Im Allgemeinen kleiden sich die Schweden sehr leger, legen aber auch dabei mehr Augenmerk auf die **Bekleidung**, als es auf den ersten Blick scheinen mag. Was oft als Lässigkeit interpretiert wird, ist zumeist durchaus bewusst arrangiert und die wuschelige Frisur, die aussieht wie vor fünf Minuten aus dem Bett gefallen, ist Ergebnis akribischer Filigranarbeit vor dem heimischen Spiegel. Besonders an den Wochenenden, wenn es in die Epizentren des Göteborger Nachtlebens geht, kleiden sich die Stadtbewohner ausgesprochen schick. Um nicht aufzufallen bzw. um Einlass in die begehrten Etablissements zu erhalten, sollte man die ausgetretenen Turnschuhe und das „Abi 2002"-T-Shirt doch besser im Hotelzimmer lassen.

Verkehrsmittel

Fahrkarten für Bus, Bahn und Fähre

Schweden ist im Bereich der Digitalisierung Deutschland weit voraus. Deshalb empfiehlt sich für Reisende mit Smartphone definitiv die Nutzung der **Västtrafik To Go-App** der Göteborger Verkehrsbetriebe (kostenlos für iOS und Android, s. S. 103).

Die App muss nach der Installation mit der eigenen Kreditkarte verknüpft werden und schon kann man sich die entsprechenden **Fahrscheine** kaufen. Selbstverständlich ist in der App ein Routenplaner integriert, der den Streckenverlauf anzeigt, die nächste Abfahrt an der gewünschten Haltestelle minutengenau prognostiziert und sogar die zeitliche Gültigkeit des Tickets im Countdown-Modus darstellt. Jedoch sollte man bei aller Euphorie über moderne Technologie eines nicht vergessen: Vor Fahrtantritt muss der Fahrschein aktiviert werden, um Gültigkeit zu erlangen. Ein nicht aktiviertes Ticket gilt als Schwarzfahren.

Wer die Fahrscheine nicht über die App lösen möchte oder kann (manchmal gibt es Probleme mit der Kreditkartenverknüpfung), der kann in Verkehrsmitteln wie Bus, Tram oder Fähre auch direkt mit der Kreditkarte zahlen. Dabei touchiert man mit der Karte (die für kontaktloses Bezahlen freigeschaltet sein muss) einfach kurz die fest installierten Terminals. Selbstverständlich lässt sich auf die gleiche Weise auch per Handy oder Smartwatch (via Apple-, Google- oder Samsung-Pay) ein Fahrschein lösen.

Ein erfolgreicher Bezahlvorgang wird mit einem Piepton und einem grünen Haken bestätigt. Im Falle einer Kontrolle muss man nur die Kreditkarte, das Handy oder die Smartwatch präsentieren. Die so gelösten Fahrscheine sind in der Zone A für 90 Minuten gültig und kosten für die einfache Fahrt 36 Skr.

Eine interessante Alternative für Intensiv- bzw. Vielfahrer sind die **Zeitkarten für einen oder für drei Tage.** Diese Fahrscheine kann man über die **Västtrafik To Go-App** lösen und sie kosten 115 Skr (ein Tag) bzw. 230 Skr (drei Tage). Nach der Aktivierung hat man dann für die gewählte Zeitspanne seine Ruhe und muss sich um nichts mehr kümmern – nur einsteigen und fahren.

Und wem das alles zu digital oder kompliziert ist: Einzelfahrscheine und Ein- oder Mehrtageskarten kann man in fast allen **7-Eleven-Läden** und in den **Kiosken** der Pressbyrån-Kette erstehen. Dort wird einem dann eine Plastikkarte ausgehändigt, auf der der entsprechende Fahrschein digital gespeichert ist. Die Karte kostet jedoch 50 Skr Pfand.

Für ausführliche Infos oder Sonderfahrscheine wendet man sich an das Kundencenter im Hauptbahnhof:

160 [M3] **Västtrafiks Kundcenter,** Nils Ericson Terminalen, Tel. 0771 414300, Mo.–Fr. 6–22, Sa. 9–22, So. 9–19 Uhr. Nicht vergessen, eine Bediennummer zu ziehen – ohne Nummer keine Bedienung. Bargeldlos.

› www.vasttrafik.se

Die himmelblauen Straßenbahnen sind aus dem Stadtbild nicht wegzudenken

056gb Abb.: ld

Straßenbahn und Bus

Der öffentliche Personennahverkehr in Göteborg ist erstklassig. Dem Besucher springen sofort die himmelblauen Straßenbahnen ins Auge, deren Schienen sich wie ein engmaschiges Spinnennetz über die gesamte City legen. Es ist das **größte Straßenbahnsystem Nordeuropas** und hat seine Wurzeln im Jahr 1879. Damals zogen noch Pferde die Personenwagen, heute bilden über 260 Straßenbahnen aus verschiedenen Epochen auf elf Linien das Rückgrat des Göteborger Nahverkehrs. Die meisten Routen werden im 10-Minuten-Takt bedient und somit wartet man nie lange auf die nächste Bahn. Bei Zielen weiter außerhalb des Stadtzentrums bieten sich zumeist Buslinien an.

Fähren und Schiffsverkehr

Wie bereits im Abschnitt über den Göteborger Schärengarten 26 erläutert, fahren sechs Fährschiffe im Auftrag von Västtrafik durch das schöne Inselgewirr des südlichen Schärengartens. **Im Innenstadtbereich** gibt es auch einen regelmäßigen Schiffsverkehr auf dem Göta älv: Die weißblauen Fähren verkehren unter den inzwischen sehr bekannten Namen **„Älvsnabben" (Linie 285)** und **„Älvsnabbere" (Linie 286).** Auf Deutsch lassen sich die Namen etwas holprig mit „Flussschnell" und „Flussschneller" übersetzen. Die **285** bedient die Route Lilla Bommen (nicht im Sommer)–Stenpiren–Lindholmspiren–Slottsberget–Eriksberg–Klippan und zurück (in der Hauptverkehrszeit alle 20–30, ansonsten alle 60 Minuten) Eine Fahrt mit der 285 ist für Besucher wie Einheimische die **günstigste Art der Hafenrundfahrt:** Die einfache Fahrt kostet nur 36 Skr.

Die **286** pendelt zwischen Stenpiren und Lindholmspiren quer über den Fluss. **Die Nutzung dieser Verbindung ist kostenfrei,** da sie von der Kommune finanziert wird (Mo.–Fr. ca. 6–19 Uhr alle 6–8 Minuten, Sa. ca. 11–16, So. 11.30–16 Uhr alle 20 Minuten).

› **Styrsöbolaget,** www.styrsobolaget.se, Tel. 031 297599, 0771 414300 (Västtrafik). Die Firma betreibt sowohl den Schärenfährverkehr als auch die Älvsnabben- und Älvsnabbere-Linien auf dem Göta älv.

Überlandbusse und Bahnverkehr

Informationen zu **Überlandbussen** oder landesweiten bzw. internationalen **Zugverbindungen** erhält man in der Centralstationen [M4] und dem angeschlossenen Nils Ericson Terminal. Zugverbindungen kann man ausgesprochen nutzerfreundlich auf der Website der **schwedischen Eisenbahn** unter **www.sj.se** recherchieren. Früh genug gebucht, kann man ganz erstaunliche Schnäppchen machen wie z. B. die Fahrt mit dem X 2000, dem schwedischen Pendant zum deutschen ICE, von Göteborg nach Stockholm für umgerechnet knapp 20 €.

Taxi

Die bequemste Art der innerstädtischen Fortbewegung ist sicherlich – so man denn über kein eigenes Gefährt verfügt – das Taxi. Nicht vergessen: Bei Fahrten zwischen Flughafen

▷ Vom Fährterminal aus gibt es Verbindungen nach Deutschland und Dänemark

057gb Abb.: ld

und Innenstadt (in beide Richtungen) gibt es oft Festpreise, diesbezüglich sollte man sich vorher beim Fahrer informieren!

- **Göteborg Taxi,** www.taxigoteborg.se, Tel. 031 650000, Taxiservice rund um die Uhr, Startpreis 61 Skr, pro Kilometer 17–20 Skr (je nach Uhrzeit), Festpreise zum Flughafen Landvetter (550 Skr)
- **Taxi Kurir Göteborg,** Tel. 031 272727, www.taxikurir.se. 24-Stunden-Taxiservice, Startpreis 97 Skr, pro Kilometer 19,70–20,70 Skr (je nach Uhrzeit), Preis für eine Fahrt zum Flughafen Landvetter aus der Innenstadt nach Absprache und abhängig von der Tageszeit.
- **Minitaxi Göteborg,** Utängarna 23, https://minitaxi.se, Tel. 031 140140, 031 148385. Der Preisbrecher in Göteborg: Startgebühr 39 Skr, pro Kilometer 11–15 Skr, Fahrt aus der Innenstadt zum Flughafen Landvetter 405 Skr.

Die in den USA gegründete Taxi-Alternative **Uber** ist auch in Schweden aktiv, obwohl sie wegen ihrer Arbeitsbedingungen und potenziellem Steuerbetrug umstritten ist. Mit der Uber-App können auch in Göteborg Fahrten gebucht werden, die preislich zumeist attraktiver sind als reguläre Taxifahrten.

- www.uber.com/de/

Wetter und Reisezeit

Nennt man den Begriff „Schweden“ als mögliches Reiseziel, so weiß man meist schon im Voraus, mit welcher Reaktion man rechnen kann: Sofort wird die arktische Kälte angeführt, die das Gegenüber seit Jahren von einem Besuch abhält. Dabei ist es insbesondere an der schwedischen

053gb Abb.: ld

Westküste **oftmals gar nicht so kalt,** wie man meinen könnte, wenn auch schneereicher als in mitteleuropäischen Flachlandgefilden.

Die **klassische Reisezeit** ist sicher der **Sommer.** In der Zeit von Mai bis September besuchen die meisten Touristen das Land im hohen Norden. Die Temperaturen sind angenehm und das Meer vor bzw. die Seen rund um Göteborg laden zum Baden und Schwimmen ein. Die Tage sind lang und das Nordlicht gibt dem Besucher die Energie für sportliche Betätigung und auch der Schärengarten 26 zeigt sich von seiner attraktivsten Seite. Und an einem schönen Sommertag ist es abends ein Traum, auf einer Restaurantterrasse an der Avenyn 15 zu schlemmen und zu trinken.

Auch die kalte und dunkle Jahreszeit hat ihren Reiz. In der **Vorweihnachtszeit** ist es auch überhaupt nicht dunkel, da die Innenstadt festlich illuminiert ist. Gerade der Stadturlaub ermöglicht auch im Winter vielerlei Aktivitäten wie Shopping, Museums-, Ausstellungs- und Konzertbesuche. Jedoch sollte man dann natürlich warme Winterkleidung im Gepäck haben, da die Küstenwinde ganz schön beißend sein können.

Im Monat Dezember sind die Tage mit 6½ Std. **zwischen Sonnenauf- und Sonnenuntergang** (ca. 9 bis 15.30 Uhr) eher kurz, im Juni hingegen mit 18 Std. Tageslicht (ca. 4 bis 22 Uhr) ausgesprochen lang.

Blauer Himmel und Sonnenschein im Hafen: Im Sommer ist ein Göteborgbesuch besonders beliebt

Schwedenstahl bei der Arbeit

Durchschnitt	Wetter in Göteborg											
Maximale Temperatur	2°	2°	5°	10°	16°	20°	21°	21°	17°	13°	7°	4°
Minimale Temperatur	−2°	−2°	−1°	3°	7°	11°	13°	13°	10°	7°	3°	0°
Regentage	12	9	10	9	8	8	9	8	9	10	11	11
	Jan	Febr	März	Apr	Mai	Juni	Juli	Aug	Sept	Okt	Nov	Dez

ANHANG

006gb Abb.: ld

Kleine Sprachhilfe

Die offensichtlichsten **Besonderheiten des schwedischen Alphabets** sind die drei zusätzlichen Buchstaben *Å/å, Ä/ä* und *Ö/ö*. Sie haben ihren Platz am Ende des Alphabets, was beim Nachschlagen von Wörtern wichtig sein könnte.

Dem Whiskey sei Dank: Aufgrund solch internationaler Wörter wie eben *Whiskey* oder auch *Wok* oder *Web* hat sich die Schwedische Akademie nach gut 140 Jahren und zwölf Ausgaben ihres Wörterbuchs dazu durchgerungen, im Jahr 2006 nun auch offiziell den Buchstaben „W" ins schwedische Alphabet zu übernehmen.

Hinsichtlich der Schreibweise sollte man wissen, dass im Schwedischen die **Wörter klein geschrieben** werden – Ausnahmen sind Eigennamen. Auch findet man beispielsweise den Namen Gusta*v(f) V(W)*asa in allen möglichen Buchstabenkombinationen mit den Buchstaben *f, v* oder *w*. Gleiches findet man in ähnlichen Fällen ebenfalls bei den Buchstaben *c* und *k*.

Bezüglich der Aussprache gibt es an dieser Stelle nur einige recht allgemeine Hinweise: Die schwedische Sprache hat eine gewisse **Nähe zum Deutschen.** Ein sehr hoher Anteil der schwedischen Wörter sind deutsche Lehnwörter und wer Plattdeutsch sprechen kann, hat es vielerorts etwas leichter. Manchmal hilft es einfach, bei einer fehlenden Vokabel eine schwedische Endung an das entsprechende deutsche oder auch englische Wort zu setzen – häufig klappt es tatsächlich. Dies ist sicherlich auch darauf zurückzuführen, dass sehr viele Schweden der deutschen und englischen Sprache mächtig sind. Um Begriffe, Vokabeln und auch Zusammenhänge beim Lesen zu verstehen, sollte man Textpassagen einfach laut und bewusst lesen und schon eröffnet sich einem zumindest teilweise der Inhalt.

Auch spricht man in Göteborg eigentlich **keinen besonders ausgeprägten Dialekt,** die Aussprache und das Verstehen gestaltet sich folglich bei Weitem nicht so kompliziert wie beispielsweise im südlichen Landesteil Skåne (vergleichbar in etwa mit Bayerisch, Sächsisch und dem Hochdeutschen).

Symptomatisch ist vielleicht, dass es im Schwedischen ebenfalls das Wort *besserwisser* gibt und eben auch genau dies bedeutet. Und genauso interessant ist, dass der ursprüngliche Familienname *Quisling* (Vidkun Quisling war Chef einer „nationalen Regierung" Norwegens während der NS-Besatzung) nun in der schwedischen Sprache die Bedeutung für *(Landes-) Verräter* erhalten hat.

Häufig gebrauchte Wörter und Redewendungen

Zahlen

0	*noll*
1	*en/ett*
2	*två*
3	*tre*
4	*fyra*
5	*fem*
6	*sex*
7	*sju*
8	*åtta*
9	*nio*
10	*tio*
11	*elva*
12	*tolv*
13	*tretton*

+++ Die wichtigsten Wörter mit dem Bonus-Audiotrack des Kauderwelsch-

14	*fjorton*
15	*femton*
16	*sexton*
17	*sjutton*
18	*arton*
19	*nitton*
20	*tjugo*
21	*tjugoett*
30	*tretio*
40	*fyrtio*
50	*femtio*
60	*sextio*
70	*sjuttio*
80	*åttio*
90	*nittio*
100	*hundra*
1000	*tusen*

Basiswissen und Redewendungen

Ich	*jag*
Du	*du*
Er	*han*
Sie	*hon*
Wir	*vi*
Ihr	*ni*
Sie	*de*
Ich heiße ...	*jag heter ...*
Guten Tag/Hallo	*hej*
Tschüss	*hej då*
Guten Morgen	*god morgon*
Guten Abend	*god kväll*
Danke	*tack*
Bitte	*varsågod*
Entschuldigung	*ursäkta, förlåt*
ja	*ja*
nein	*nej*
nicht	*ej, inte*
groß	*stor*
klein	*liten*
Mann	*man*
Frau	*kvinna*
Kind	*barn*
Das ist gut/O.K.	*det är bra.*
sehr gut	*jättebra*
natürlich	*naturligtvis, självklart*
Ich komme gleich.	*jag kommer strax.*
Ich habe es eilig.	*jag har bråttom.*
Ich verstehe (nicht).	*jag förstår (inte).*
Ich möchte gerne/ hätte gerne ...	*jag skulle vilja ha ...*
Das macht Spaß.	*det är kul.*
Wie heißt Du?	*vad heter du?*
Wie geht es dir?	*hur mår du?*
Was bedeutet ...?	*vad betyder ...?*
Was ist das?	*vad är det?*
Kannst du mir zeigen ...?	*kan du visar mig ...?*
Ist das wahr?	*är det sant?*
Erinnerst du dich ...?	*kommer du ihåg ...?*
Wo?	*var?*
Wann?	*när?*
Warum?	*varför?*
Was?	*vad?*
Wie (viel) ...?	*hur (mycket) ...?*
Kannst du ...?	*skulle du kunna ...?*
Wie heißt das auf Schwedisch?	*vad heter det på svenska?*
Sprichst du ...?	*talar du ...?*
Wo liegt ...?	*var ligger/finns ...?*
Wie lange dauert es?	*hur lång tid tar det?*
Zimmer	*rum*
Haus	*hus*
Ferienhaus/Hütte	*stuga*
Jugendherberge	*vandrarhem*
Hotel	*hotell*
Einzelzimmer	*enkelrum*
Doppelzimmer	*dubbelrum*
Toilette	*toalett*
Zeltplatz	*tältplats*
Kirche	*kyrka*
Museum	*museum*
Schloss	*slott*
Auto	*bil*
Bahnhof	*station*
Bus	*buss*
Taxi	*taxi*

Tankstelle	*bensinstation, mack*
Benzin	*bensin*
Diesel	*diesel*
Eisenbahn	*järnväg*
Zug	*tåg*
Fahrkarte	*biljett*
Flughafen	*flygplats*
Flugzeug	*flygplan*
Hafen	*hamn*
Schiff	*båt, skepp*
Fähre	*färja*
Fahrrad	*cykel*
Eingang	*ingång*
Ausgang	*utgång*
offen	*öppet*
geschlossen	*stängt*
Geld	*pengar*
Bank	*bank*
Münze	*mynt*
Geldschein	*sedel*
Post	*post*
Brief	*brev*
Briefmarke	*frimärke*
Paket	*paket*
Postkarte	*vykort*
Telefon	*telefon*
Telefongespräch	*telefonsamtal*
Polizei	*polis*
Apotheke	*apotek*
Arzt	*läkare*
Zahnarzt	*tandläkare*
Krankenhaus	*sjukhus/ vårdcentral*
Touristenbüro	*turistbyrå*
Schwimmbad	*bad*
Sauna	*bastu*
Kino	*bio*
Eintrittskarte	*biljett*
Fahrstuhl	*hiss*
Deutschland	*Tyskland*
deutsch	*tysk*

Zeitangaben

am Morgen	*på morgonen*
am Nachmittag	*på eftermiddagen*
am Abend	*på kvällen*
gestern	*igår*
heute	*idag*
morgen	*imorgon*
jetzt	*nu*
früher	*tidigare*
später	*senare*
Stunde	*timme*
Tag	*dag*
Nacht	*natt*
Woche	*vecka*
Monat	*månad*
Jahr	*år*
Montag	*måndag*
Dienstag	*tisdag*
Mittwoch	*onsdag*
Donnerstag	*torsdag*
Freitag	*fredag*
Samstag	*lördag*
Sonntag	*söndag*
10 Uhr	*klockan tio*
9.45 Uhr	*kvart i tio*
10.15 Uhr	*kvart över tio*
10.30 Uhr	*halv elva*
in 10 Min.	*om tio minuter*
vor 10 Min.	*för tio minuter sedan*

Unterwegs

geradeaus	*rakt fram*
links	*vänster*
rechts	*höger*
zurück	*tillbaka*
hier	*här*
dort	*där*
Stadt	*stad*
Altstadt	*gamla stan*
Zentrum	*centrum*
Straßenbahn	*spårvagn*
Straße	*gata, väg*
Brücke	*bro*

Fluss	*älv, å, flod*
See	*sjö*
Insel	*ö*
Meer	*hav*
Strand	*strand*
Schärengarten	*skärgård*
Berg	*berg*
Gebirge	*fjäll*

Einkaufen

Was kostet ...?	*hur mycket kostar ...?*
bezahlen	*betala*
Markthalle	*saluhall*
Markt	*torg, marknad*
(ein)kaufen	*köpa, handla*
Schlussverkauf	*rea*
Flohmarkt	*loppis, loppmarknad*

Essen und Trinken

Brot	*bröd*
Ei	*ägg*
Käse	*ost*
Milch	*mjölk*
Butter	*smör*
Fleisch	*kött*
Fleischbällchen	*köttbullar*
Wurst	*korv*
Fisch	*fisk*
Lachs	*lax*
Hering	*sill*
Gemüse	*grönsaker*
Tomaten	*tomater*
Kartoffeln	*potatis*
Reis	*ris*
Apfel	*äpple*
Banane	*banan*
Erdbeeren	*jordgubbar*
Eis	*glass*
Kuchen	*kaka*
Sahne	*grädde*

Wasser	*vatten*
Wein	*vin*
Bier	*öl*
großes (starkes) Bier	*stor stark*
Kaffee	*kaffe*
Tee	*te*
Eine zweite Tasse (meist günstig oder umsonst)	*påtår*
Glühwein	*glögg*
Oral-Tabak	*snus*

Restaurant	*restaurang*
Gasthaus	*värdshus*
Kneipe	*krog, pub*
Oberkellner	*hovmästare*
staatlicher Alkoholladen	*systembolaget/ systemet*
Rechnung	*nota*
Ich möchte gerne zahlen.	*jag skulle vilja betala.*

Frühstück	*frukost*
Mittagessen	*lunch*
Abendessen	*middag*
Tagesgericht	*dagens rätt/ dagens lunch*
Kaffeezeit	*fika*
skandinavisches Büfett	*smörgåsbord*

MEIN TIPP

Kauderwelsch Schwedisch

Wer sich noch intensiver mit der schwedischen Sprache beschäftigen möchte, dem sei der Kauderwelsch-Band „Schwedisch – Wort für Wort" von Karl-Axel Daude aus dem Reise Know-How Verlag empfohlen.

Kauderwelsch-Sprachführer bieten einen schnellen Einstieg in fremde Sprachen. Alle fremdsprachigen Sätze im Buch werden zusätzlich zur sinngemäßen Übersetzung ins Deutsche auch einmal Wort für Wort übersetzt. Dadurch wird das Verständnis für die fremde Sprache erleichtert und einzelne Wörter lassen sich schnell austauschen.

Register

⊡ *Dem Trubel der Stadt entfliehen: auf der Schäreninsel Vrångö (s. S. 40)*

093gb Abb.: ld

Impressum

Lars Dörenmeier

CityTrip Göteborg

7., neu bearbeitete und aktualisierte Auflage 2024

ISBN 978-3-8317-3917-2

Printed in Germany

Druck und Bindung:
mediaprint solutions GmbH, Paderborn

Herausgeber: Klaus Werner
Layout: amundo media GmbH (Umschlag, Inhalt), Peter Rump (Umschlag)
Lektorat: amundo media GmbH
Karten: Ingenieurbüro K. Wendler, amundo media GmbH
Anzeigenvertrieb: KV Kommunalverlag GmbH & Co. KG, Alte Landstraße 23, 85521 Ottobrunn, Tel. 089 928096-0, info@kommunal-verlag.de
Kontakt: Reise Know-How Verlag Peter Rump GmbH, Osnabrücker Str. 79, 33649 Bielefeld, Deutschland, Tel. +49-521-946490, info@reise-know-how.de

Alle Angaben in diesem Buch sind gewissenhaft geprüft. Preise, Öffnungszeiten usw. können sich jedoch schnell ändern. Für eventuelle Fehler übernehmen Verlag wie Autor keine Haftung.

Bildnachweis

Umschlagvorderseite: ©joisbalu, stock.adobe.com | Umschlagrückseite: ©nikitamaykov, stock.adobe.com
Umschlagklappe rechts: Lars Dörenmeier
Soweit ihre Namen nicht vollständig am Bild vermerkt sind, stehen die Kürzel an den Abbildungen für die folgenden Fotografen, Firmen und Einrichtungen. Lars Dörenmeier : ld

Liste der Karteneinträge

Göteborg mit PC, Smartphone & Co.

QR-Code auf dem Umschlag scannen oder **www.reise-know-how.de/citytrip/goeteborg24** eingeben und die **kostenlose Web-App** aufrufen (Internetverbindung zur Nutzung nötig)!

★**Anzeige der Lage und Satellitenansicht aller** beschriebenen Sehenswürdigkeiten und weiteren Orte
★**Routenführung** vom aktuellen Standort zum gewünschten Ziel
★**Exakter Verlauf** des empfohlenen Stadtspaziergangs
★**Audiotrainer** der wichtigsten Wörter und Redewendungen
★**Updates** nach Redaktionsschluss

GPS-Daten zum Download

Die GPS-Daten aller Ortsmarken und des Spaziergangs stehen auf der Produktseite des Titels auf www.reise-know-how.de zum Download zur Verfügung.

Stadtplan für mobile Geräte

Um den Stadtplan auf Smartphones und Tablets zu nutzen, empfehlen wir die App „Avenza Maps“ der Firma Avenza™. Über die Funktion „Store“ kann die „Citymap Gothenburg 2024“ kostenlos geladen werden.

Hier nicht aufgeführte Nummern liegen außerhalb der abgebildeten Karten. Ihre Lage kann aber wie die von allen Ortsmarken im Buch mithilfe der Web-App angezeigt werden (siehe links).

Benutzungshinweise

Cleveres Nummernsystem

Die Sehenswürdigkeiten sind im Text und im Kartenmaterial mit derselben **magentafarbenen ovalen Nummer** 1 markiert. Alle anderen Lokalitäten wie Geschäfte, Restaurants usw. tragen ein **Symbol und eine fortlaufende rote Nummer** (**1**).

Bewertung der Sehenswürdigkeiten

★★★ nicht verpassen
★★ besonders sehenswert
★ wichtig für speziell interessierte Besucher

Planquadrat im Kartenmaterial

[A1] Orte ohne diese Angabe liegen außerhalb unserer Karten. Alle Ortsmarken werden in der buchbegleitenden Web-App angezeigt (s. S. 142).

Der Schmetterling ...

zeigt an, wo man Angebote im Bereich des nachhaltigen Tourismus findet.

Mein Tipp

Persönliche Empfehlungen des Autors bzw. der Autoren.

Vorwahlen

- **Schweden:** +46
- **Göteborg:** 031

Updates zum Buch

www.reise-know-how.de/citytrip/goeteborg24

Preiskategorien

Gastronomie

Preise für ein Hauptgericht ohne Getränke:

€	bis 110 Skr (ca. 10 €)
€€	110–220 Skr (ca. 10–20 €)
€€€	220–330 Skr (ca. 20–30 €)
€€€€	über 330 Skr (ca. 30 €)

Unterkünfte

Die Übernachtungspreise variieren selbstverständlich. Wegen dieser Preisschwankungen sind die angegebenen Preiskategorien eher als Anhaltspunkte zu sehen (Einteilung geschieht nach Preis pro Doppelzimmer inkl. Frühstück).

€	bis 600 Skr (bis 55 €)
€€	600–1000 Skr (55–90 €)
€€€	1000–1500 Skr (90–130 €)
€€€€	über 1500 Skr (über 130 €)

Zeichenerklärung

- Hauptsehenswürdigkeit
- Bar, Treffpunkt
- Bibliothek
- Biergarten, Pub, Kneipe
- Café, Eiscafé
- Galerie
- Geschäft, Kaufhaus, Markt
- Fischrestaurant
- Hotel, Unterkunft
- Imbiss, Bistro
- Informationsstelle
- Jugendherberge, Hostel
- Kirche
- Krankenhaus, Arzt
- Museum
- Musikszene, Disco, Club
- Parkhaus, Parkplatz
- Pension, Bed & Breakfast
- Polizei
- Post
- Restaurant
- ★ Sehenswürdigkeit
- Sonstiges
- Sport, Wellness
- Synagoge
- Theater, Zirkus
- Vegetarisches Restaurant

- Tram- bzw. Straßenbahnhaltestelle
- Stadtspaziergang (s. S. 13)
- Shoppingareale
- Gastro- und Nightlife-Areale

Göteborg, Übersicht